흐르는 물은 외롭지 않다

머리말

　한국건설기술연구원에서 37년간 물을 연구해온 저는 2025년 4월 1일자로 정년을 맞이했습니다. 대학원에서 공부한 시간까지 더하면 40년 동안 물과 함께한 삶이었습니다. 오랜 시간 하나의 길만 걸었지만, 그 길은 단순한 직선이 아니어서 수많은 모퉁이가 전환점처럼 기다리고 있던 여정이었습니다. 공학도에게 물을 가르치는 선생으로, 연구와 개발에 참여하는 과학자로, 국가 수자원 계획을 수립하는 계획자로, 물 관리 시설을 설계하는 설계자로, 해외의 물 사업을 이끄는 책임자로, 국가 물 정책의 자문가로, 이렇게 역할을 바꾸며 걸어온 길이었습니다. 마치 대나무가 더 높이 자라기 위해 단단한 마디를 만들어가듯, 물과 함께하는 저의 삶도 모퉁이를 돌 때마다 마디 하나씩 올리며 그렇게 성장해왔다고 생각합니다.

이 책은 그런 마디들을 되돌아보며 물과 함께한 삶의 의미를 정리하고, 또 한 번의 모퉁이인 노년을 맞아 새로운 이정표를 세우기 위해 집필되었습니다. 더불어 물을 연구하고 관리하는 동료들과 물에서 삶의 지혜를 찾고자 하는 분들에게 미약하나마 도움이 되기를 마음도 담아 보았습니다.

물인문학, 흐르는 물에서 찾는 삶의 결

이 책의 주제는 '물인문학'입니다. 인문학(人文學)은 인간의 사상과 문화를 탐구하는 학문입니다. '인문(人文)'이라는 말 자체가 '인간이 그리는 무늬'라는 뜻인데, 이는 인간이 살아가며 남기는 흔적이자, 행동과 사고의 결이라고 해석할 수 있을 것입니다. 따라서 우리가 인문학을 공부하는 이유는 바로 인간의 결을 이해하고 통찰하기 위함이지요. 그렇다면, '물인문학'은 무엇일까요? 그것은 문학, 역사, 철학 등 인문학적 관점으로 물과 인간의 관계를 바라보고, 그를 통해 우리의 진정한 삶의 결을 찾고자 하는 탐구라고 말할 수 있습니다.

고대부터 인간은 변화무쌍한 환경 속에서, 불확실성과 위기에 대응하며 문명을 일구어 왔습니다. 그렇게 생존의 긴 싸움을 이겨내고 과학기술이 눈부시게 발전한 현대 사회에 이르렀습니다. 하지만 현대인은 과거에는 겪어보지 못했을 새로운 위험을 마주하고 있습니다. 치열한 경쟁과 사회적 불안, 인간관계의 복잡함과 갈등, 주체성과 독립성의 상실 등 인간 소외현상이 바로 그것입니다. 이에 사람들은 인문학에 주목하고 있습니다. 과학기술의 발전으로 인한 가치관의 혼란을 인문학을 통해 해결하고자 하는 것입니다. 하지만 이런 인식의 확산이 단순한 유행으로 그쳐서는 안 될 것입니다. 인문학을 지식으로만 습득할 것이 아니라, 성찰하고 실천하며 삶 속에 체화되도록 하는 노력이 필요할 때입니다.

물과 함께한 삶에 찾아온 두 가지 질문

물과 함께 한 40년 동안 여러 변화와 그에 따른 갈등을 경험한 저는 중년의 나이에 이르러, 자신에게 두 가지 질문을 던졌습니다.
"지금 나는 잘하고 있는가?"
"지금 나는 행복한가?"
이 질문들은 저의 삶과 연구 활동을 자꾸 돌아보게 했습니다. 불교에서는 인간은 고통에서 벗어나고자 하는 '자발심(自發心)'을 가지고 있다고 합니다. 저의 질문들은 그 자발심의 발로가 아닌가 싶습니다. 그리고 인문학이야말로 이런 자발심을 일깨우는 역할을 할 수 있다고 믿고 있습니다.

이렇게 시작된 인문학적 성찰은 개인적 삶의 차원에서 끝나지 않고, 제가 수행한 물 연구와 정책이 올바른 방향으로 나아가고 있는지도 고민하게 합니다. "인문학 없는 과학은 맹목적이고, 과학 없는 인문학은 공허하다."라는 말이 있습니다. 과학과 인문학의 결합, 그것이 물인문학입니다. 물인문학은 연구자들에게 현실의 문제와 융합할 수 있는 상상력과 창의력을 길러주는 살아 있는 학문이 될 수 있다고 생각합니다. 물을 이용하고 조절하는 과정에서 인간과 자연의 충돌, 사람과 사람 사이의 갈등이 발생할 때, 물인문학은 창의적인 문제 해결 능력이 될 수 있을 것입니다.

물에서 배우는 삶의 원리

고대인들은 자연에서 우리가 따라야 할 삶의 원리를 찾으려 했습니다. 그들은 세상의 근본 요소를 흙, 물, 불, 공기라는 4대 원소로 보았는데, 이는 단순한 물리적 개념을 넘어 인간 존재와 우주의 조화를 탐구하는 철학적 사유의 결과였습니다. 그중에서도 물은 가장 많이 언급되며 우리에게 지혜를 전해주고 있습니다.

탈레스는 "만물의 근원은 물이다."라는 말을 통해 물이 생명의 출발점임을 선언했습니다. 노자는 "최고의 선은 물과 같다."라고 말했는데, 이는 물의 겸허함과 유연함을 강조한 것입니다. 또 공자는 "물이 강을 이루어 바다로 흘러가는 과정에서 삶을 배운다."라고 했습니다. 샘에서 시작된 작은 물줄기가 바다로 향하는 여정이 우리의 삶을 비추는 거울과 같기 때문입니다.

저는 이 책이 물을 연구하는 과학자들에게 인문학적 사유의 씨앗이 되기를 바랍니다. 또 현대 사회 속에서 가치관의 혼란을 겪고 있는 많은 분에게 물의 위로와 지혜를 전하여, 삶의 진정한 의미와 가치를 찾는 데 도움이 되기를 바랍니다. 더 나아가 우리 모두 물인문학을 통해 나와 세상에 대한 상상력과 창의력을 키워나가기를 바랍니다.

물과 함께하는 삶은 외롭지 않다

그 강에 가고 싶다
사람이 없더라도 강물은 저 홀로 흐르고
사람이 없더라도 강물은 멀리 간다
인자는 나도
애가 타게 무엇을 기다리지 않을 때도 되었다
......
그 강에 가고 싶다
물이 산을 두고 가지 않고
산 또한 물을 두고 가지 않는다
그 산에 그 강
그 강에 가고 싶다

김용택의 시 〈그 강에 가고 싶다〉입니다. 그의 노래처럼, 우리는 본능적으로 물을 그리워합니다. 물은 모든 것을 품어주는 어머니와 같은 존재이며, 어떤 역경이 있어도 묵묵히 흘러가는 존재입니다. 강의 이런 모습이 우리를 강인하게 합니다. 순간의 혼란에 흔들리지 않고 삶의 방향을 잡게 합니다. 산과 물이 서로를 떠나지 않듯, 우리도 물과 함께 하며 마침내 큰 바다에 도달할 것입니다. 물과 함께하는 삶은 결코 외롭지 않습니다.

이 책은 『한국수자원학회지』에 연재했던 17편의 글을 엮은 것입니다. 부족한 글을 다듬어주신 박선주 선생님, 책의 기획과 디자인을 맡아주신 이준호 대표님께 깊이 감사드립니다. 그리고 무엇보다도 긴 여정을 함께 걸어준

아내 이정희, 두 딸 화영과 화림, 사위 경환과 재범, 그리고 손녀 연서에게 이 책을 바칩니다.

　이 책이 물과 함께하는 모든 이들에게 작은 위로와 깨달음을 전하는 길잡이가 되길 희망합니다.

2025년 4월
저자 이동률

차례

머리말 – 흐르는 물에서 찾는 삶의 결

💧 1장　물, 의미

1-1	탈레스의 물, 신의 세상을 닫고 인간의 세상을 열다!	17
1-2	곤우치수 설화: '막기(湮)'와 '트기(導)'	25
1-3	홍수, 하늘이 주는 재앙인가, 은택인가?	35
1-4	물에서 도(道)를 보다, 상선약수(上善若水)의 지혜	45

💧 2장　물, 지혜

2-1	추상적 사고로 세상을 이해하다 – 주역이 보여주는 물 세계	63
2-2	물과 우레의 가르침	77
2-3	물과 산의 만남, 요산요수(樂山樂水)	99
2-4	은택의 물과 다툼의 물	115

2-5	땅속의 물과 땅 위의 물	133
2-6	거듭된 물, 거듭된 시련이 주는 가르침	149
2-7	흩어짐과 모임의 진리, 우물과 파동의 물	159
2-8	연못이 마르고 넘치는 고난의 물	175
2-9	끝이며 시작으로 순환하는 물	187

💧 3장 물, 성찰

3-1	강을 '시(視)하지 말고 관(觀)하라!	205
3-2	모든 모델은 빗나간다. AI도 그렇다! - 예측을 대하는 올바른 자세	217
3-3	윤리적 관점으로 물을 생각하다	233
3-4	흐르는 물은 외롭지 않다	251

맺음말 - 순환하는 물

1장

물, 의미

1-1

탈레스의 물,
신의 세상을 닫고 인간의 세상을 열다!

탈레스의 물,
신의 세상을 닫고 인간의 세상을 열다!

"만물의 근원은 물이다." 탈레스의 이 말로 최초의 철학이 탄생했다고 한다. 현대의 지식으로 생각하면 만물이 물로부터 시작되었다는 것은 틀린 말일뿐더러, 이런 말이 과연 철학인지 의아해진다. 하지만 여기에는 중요한 비밀이 숨겨져 있다.

 탈레스는 세계에 대한 질문을 던진 것이다. 그 질문으로 인해 인간은 더는 신의 지배를 받지 않게 되었다. 대신 인간이 자신의 이성적 사유로 세계를 해석하는 새로운 시대, 인간주도의 시대가 열렸다. 이는 로고스(Logos)의 세계이다. 그리고 드디어 인류 최초의 자연과학이 시작되었다. 나일강 홍수의 원인을 물의 순환과 관련하여 합리적으로 설명하려 했던 탈레스의 노력이 바로 그것이다.

　탈레스는 고대 그리스 이오니아의 항구도시 밀레토스에서 태어났다. 탈레스와 그의 후계자들인 아낙시만드로스, 아낙시메네스는 인류 최초의 자연 철학자이자 과학자들로서 밀레투스학파라고 불린다. 이렇게 밀레토스가 자연과학의 산실이 되기까지 기원전 7세기와 6세기의 이오니아에서는 어떤 일이 일어났을까?

탈레스(기원전 624~546) (사진출처 : 위키디피아)

　우리는 먼저 고대 그리스에서 탈레스 이전의 시대를 살펴볼 필요가 있다. 그 시대에는 신이 만물의 근원이었다. 그리스의 신들은 인간의 운명을 결정한다. 인간은 '신탁'을 통해 정해진 제 몫의 운명을 살아갈 뿐이다. 인간의 말과 행동 역시 신의 뜻에 따르는 것으로 인간의 의지는 개입될 수 없다. 인간은 생각이 아닌 믿음만 있을 뿐이다. 누구도 정해진 운명을 벗어날 수 없으며, 벗어나려고 해서도 안 된다. 인간에게 신은 운명의 수호자이며 집행자이다.

힐쉬베르거에 의하면 탈레스 이전, 즉 철학 이전에는 비철학적인 것인 신화가 있었다. 신화, 미토스(Mythos)란 세계와 생명, 신들과 인간들에 관한 중요한 문제들에 관한 사회의 신앙인데, 이 신앙은 인간들의 물음에 어떻게 생각하고, 어떻게 행동해야만 하는가를 가르쳐 준다. 인간들은 그들에게 전승되어온 것들로부터 무반성적이고, 신앙적이고, 맹목적으로 신화를 받아들였다.

이러한 믿음의 시대에는 당연히 신이 주도권을 갖는다. 세상은 신의 이야기로 가득 차 있다. 그리스 신화에 따르면 모든 생명은 바다의 신인 오케아노스(남신)과 테티스(여신)에서 비롯된다. 물이 모든 것의 근원인 것이다. 신들에게도 물은 중요한 것으로 맹세할 때 물에 하는 것이 신의 관례이다. "만물의 근원은 물이다."라는 탈레스의 사유는 여기에서 시작되었는지도 모른다. 그런 의미에서 신화는 철학의 뿌리라고 볼 수도 있겠다.

인류 역사에서 대변혁은 점진적인 발전으로 나타나는 것보다는 화산폭발 같은 새로운 사고와 행동의 분출로 이루어지는 경우가 많다. 아시아 대륙에 위치한 이오니아에서 기원전 7세기 말 무렵에 탈레스와 그를 따르는 학파와 더불어 합리적인 과학 지식이 출현한 것도 그런 식이었다고 한다. 기원전 7세기와 6세기의 이오니아는 그리스의 식민지로 다양한 혈통이 섞인 민족이 오랫동안 계급투쟁에 휘말리고 있었다. 이 계급투쟁은 그리스의 온갖 발명이 풍성하게 이루어지는 견인차 구실을 했다고 한다.

농민, 상인, 장인들의 계급투쟁에서 최후의 승리자는 뱃사람들의 세력을 등에 업은 상인계급이었다. 이들은 흑해에서 이집트, 그리고 이탈리아 남부에 이르기까지 90개의 식민지와 교역을 확대해나갔다. 이 과정에서 그들은 구대륙에 축적되어온 지식을 한데 모아 체계화된 지식으로 탈바꿈시켰다.

게다가 이오니아는 에게해를 끼고 있는 해안지역이었고, 밀레토스는 그곳에 있는 항구도시였다. 밀레토스 사람들은 개방적인 지리적 특징을 십분 활용해 각종 금속과 밀 재배지를 구하기 위해 배를 타고 여행길에 올랐다. 자연스럽게 이오니아는 서방세계와 동방세계가 만나는 역사의 중심 무대가 되었고, 그리스, 페르시아, 이집트 등 다양한 문명을 체험할 수 있는 사상의 집결지가 되었다. 이곳 사람들은 새로운 지식을 수용하는 데 열린 자세를 가지고 있었기에 사고의 다양성, 자유로운 대화와 비판 문화가 쉽게 자리 잡을 수 있었다. 이것이 고대 그리스에서 철학이 탄생하게 된 배경이다.

탈레스 역시 개방적인 환경 덕분에 여러 문명권의 지식을 쉽게 접할 수 있었을 것이다. 그는 이집트와 메소포타미아에 체류하면서 실용학문인 기하학과 수학을 배웠다고 한다. 항구도시의 번성한 무역은 상업의 발달로 이어지고, 이로 인해 수학적 지식이 축적되고, 사람들의 논리적 추론 능력이 향상되는 계기가 된다. 이제 인간은 스스로 생각한다. 신의 분노로 비가 내리고 번개가 친다는 신화적 사고방식에서 벗어난 그들은 더는 자연현상의 원인을 초월적인 것에서 찾지 않는다. 대신 관찰과 사고를 통해 자연 속에서 그 원인을 찾으려는 과학적 접근을 시도한다. 드디어 관찰하고, 분석하고, 증명하는 자연철학의 시대가 열렸고 그 시작에 탈레스가 있다.

보나르의 '그리스인 이야기'에 탈레스의 천재성을 잘 보여주는 경구가 등장하는데 바로 '무지는 무거운 짐'이라는 말이다. 아마 탈레스는 신화의 시대를 '무지의 시대'라고 생각했던 것 같다. 그는 무지에서 벗어나기 위해 사물들에 대해 깊은 관심을 기울였고, 많은 질문을 던졌다. 비는 왜 내리는지, 바람은 무엇인지, 어떤 별의 움직임을 길잡이로 삼아야 하는지, 가장 많이 움직이는 별은 어떤 별인지, 가장 움직이지 않는 별은 어떤 별인지. 이런 질문들에 대한 답을 찾기 위해 그는 상인들이 배에 짐을 가득 싣고 무사 귀환하기를 소망했다. 이처럼 탈레스의 과학은 매우 실리적이고 실용적이었다.

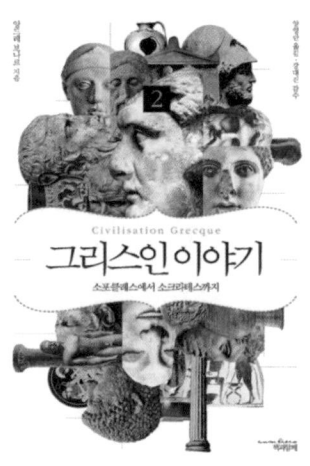

앙드레 보나르/그리스인 이야기

어쩌면 탈레스가 얻은 결과는 매우 보잘것없고, 문제투성이에다 오류도 많았을 것이다. 하지만 세계를 관찰하며, 문제를 생각하는 탈레스의 방식은 진정한 과학자의 방식이었다. 거기에는 신화적 믿음 따위가 더는 개입할 수 없다. 탈레스는 관찰에 의거해 가장 타당성 있는 가설을 세우고, 그 가설에 따라 정립된 이론을 시간의 경과에 따라 축적된 경험을 통해 입증하려고 했다. 과학은 증명하는 것이기 때문이다. 그는 별들을 관찰하거나 물을 연구할 때, 결코 신이나 신화를 개입시키지 않았다. 그에게 별이나 물은 물리적이며 물질적인 대상일 뿐이다. 그런 의미에서 탈레스가 이룬 성과보다 더 중요한 것은 그가 연구를 진행한 방식이라고 볼 수 있다.

탈레스는 홍수의 원인을 과학적으로 해석한 최초의 수문학자로 일컬어진다. 영국의 철학자 러셀은 탈레스가 바다와 가깝게 살았기 때문에 태양이 물을 증발시키고, 안개가 지표면에서 올라가 구름이 되었다가, 다시 비가 내리는 자연현상을 관찰로 알아낸 것은 매우 당연한 일이라고 말한다. 하지만 탈레스의 시대에 그것이 당연한 일이었을까. 신의 분노가 나일강을 범람시킨다는 신화적 사고가 지배하는 세상에서 지중해의 계절풍과 그로 인한 강의 역류라는 자연과학적 인과관계를 발견해내는 것은 그야말로 혁명적인 사고의 전환이 아니었겠는가.

우리는 지금 과학의 시대에 살고 있다고 자부하지만, 기후위기는 우리에게 여전히 홍수와 가뭄의 문제를 안겨주고 있다. 다시 탈레스의 물을 배워야 할 때이다. 미토스(Mythos)의 시대에 살고 있는가, 아니면 로고스(Logos)의 시대에 살고 있는가 되물어야 할 때이다. 탈레스가 그랬던 것처럼, 기존의 방법론이나 법과 제도에만 의지할 것이 아니라 새로운 관찰과 사유로 홍수와 가뭄의 근원을 밝히고 새로운 대안을 찾아야 할 것이다. 탈레스가 별을 관찰하다가 구덩이에 빠졌는데, 재치있는 트라케의 하녀가 하늘에 있는 것은 열심히 보면서 정작 자기 발 앞에 있는 것은 보지 못한다고 놀려댔다는 일화가 있다. 하지만 눈앞의 현실 세계에서 벗어나지 못하고 안주하는 하녀는 세상을 바꿀 수 없다.

1-2

곤우치수 설화: '막기(湮)'와 '트기(導)'

곤우치수(鯀禹治水) 신화:
'막기(堙)'와 '트기(導)'

　인류 역사에서 문명의 건설은 농경과 함께 시작되었다. 그리고 농경에서 가장 중요한 기술은 바로 강과 홍수를 다스리는 기술이었다. 인류는 아주 오랫동안 물을 극복하고 물을 활용하며 그 물의 순리를 닮은 긴 역사를 이어왔다. 동아시아 문명을 출발시킨 중국의 역사에는 문헌상의 최초의 국가인 하(夏)나라가 있다. 하나라를 세운 사람은 치수 능력이 뛰어났다고 알려진 우(禹)이다. 그런데 사실 우(禹)는 상고시대의 신화에서 전승된 곤우치수 설화 속 인물이다. 신화의 역사화, 신화가 전설로, 그리고 전설이 역사로 전개되는 이 과정은 후대의 제왕들이 통치의 전범으로 삼아 정통성을 획득하려는 일련의 정치적 선택이었을 것이다. 그 결과 우리는 곤우치수 이야기를 역사적 사실로 받아들이게 된 것이다.

곤우치수 신화의 시원은 중국 신화와 전설이 수록된 「산해경(山海經)」에서 찾아볼 수 있는데 다음과 같다.

> 황제가 낙명(駱明)을 낳고 낙명이 백마(白馬)를 낳았는데, 백마가 바로 곤(鯀)이다. 큰 홍수가 져서 하늘에까지 불어 넘쳤다. 곤은 제(帝)의 식양(息壤)을 훔쳐 홍수를 메웠고 帝의 명령을 기다리지 않았다. 帝는 축융(祝融)에게 명하여 우산(羽山) 인근에서 곤을 죽였다. 곤의 뱃속에서 우(禹)가 태어났다. 帝는 禹에게 명령을 내려 흙을 펴고 구주(九州)를 정하였다.

기록의 내용은 간단하다. 황제의 자손인 곤이 천제의 명(命) 없이 저절로 불어나 홍수를 막을 수 있는 흙인 식양(息壤)을 훔쳐 물을 막았지만, 그 죄로 벌을 받아 죽임을 당했다. 그리고 천제는 치수의 임무를 곤의 아들인 우에게 주어 홍수를 막게 하고 구주(九州)를 만들었다는 것이다. 이 이야기에서 곤은 천제의 명을 거역한 '역천자(逆天者)'로, 우는 천자의 명에 순응한 '순천자(順天者)'로 그려진다. 자연을 거역하면 실패하지만, 자연에 순응하면 성공한다는 동양의 자연관을 담은 후대의 해석일 것이다. 그런데 우가 어떤 방식으로 치수에 성공했는지는 자세히 나와 있지 않다.

우의 치수 방법은 「상서(尙書)·우공(禹貢)」이라는 문헌에서 등장한다. 이 문헌은 우리에게 알려진 산을 깎고 하천을 깊게 파서 홍수를 흐르게 했다는 치수 과정과 공적을 상세히 기록하고 있다. 다음은 우가 황하 상·하류에 있는 구주(九州)-기주(冀州)·연주(兗州)·청주(青州)·서주(徐州)·양주(揚州)·형주(荊州)·예주(豫州)·량주(梁州)·웅주(雍州)-의 지형에 따라 홍수를 다스리는 순서를 정한 내용이다.

물의 성질은 아래로 흐르니, 응당 아래로부터 터나가야 하기 때문에 홍수를 다스리는 것은 모두 아래로부터 시작하였다. 冀州는 帝都로서 九州에 있어서 북쪽에 가깝기 때문에 맨 먼저 冀州로부터 치수공사를 시작해서, 다음은 동남쪽으로 兗州, 그 다음은 동남쪽으로 青州, 그 다음은 남쪽으로 徐州, 그 다음은 남쪽으로 揚州, 그 다음은 揚州로부터 서쪽으로 荊州, 다음은 荊州로부터 북쪽으로 豫州, 그 다음은 豫州로부터 서쪽으로 梁州, 그 다음은 梁州로부터 북쪽으로 雍州 순으로 하였는데, 雍州는 지대가 가장 높기 때문에 맨 뒤에 있게 된 것이다. 兗州로부터 이하는 모두 지대의 형세에 따라서 아래로부터 높은 데로 향해가고 동쪽으로부터 서쪽으로 향해갔다.

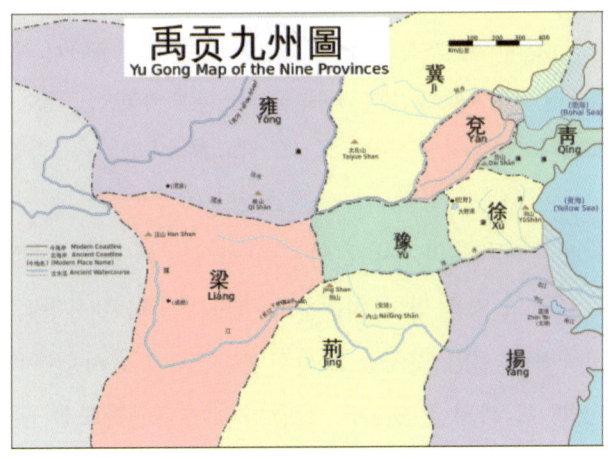

禹貢의 九州圖(위키 백과에서 인용)

1장 물,의미

또 「상서(尙書)」의 기록을 계승한 사마천의 역사서 「사기(史記)」에도 다음과 같은 곤우치수 이야기가 있다.

> 요임금 시절에 홍수가 하늘에까지 넘실대었다. 무서운 물살은 산을 에워싸고 구릉을 삼켜 버려 백성은 매우 근심스러웠다. 이때에 요 임금은 홍수를 다스릴 사람을 구하였는데, 신하들과 사방의 제후들이 곤(鯀)이면 홍수를 다스릴 수 있다고 말하였다. 요 임금이 말하기를 "곤은 명령을 거역하기를 잘하고 동족을 해치기 때문에 안 된다."라고 하였다. 사방의 제후들이 말하기를 우리들 중에서 홍수를 다스릴 수 있는 자로는 곤보다 능력이 나은 자가 없으니 천자께서는 한번 시험해 보시지요."라고 하였다. 요 임금은 제후들의 건의를 받아들여 곤으로 하여금 치수를 담당하게 하였다. 그러나 9년의 긴 시간이 지나도록 홍수는 물러나지 않았다. 곤은 치수를 완성하지 못했다.
>
> 요임금이 돌아가시고 순이 임금이 되어……우에게 "그대는 하천과 육지를 잘 다스려서 오직 그 일에 진력을 하시오."라고 하였다.……우는 마침내 익, 후직과 함께 순임금의 명을 받들어서 제후와 백관들에게 인부들을 동원하여 치수공사를 하게 하였다. 그들은 직접 산으로 올라가서 말뚝을 세워서 표시를 하고 高山大川을 측정하였다.

흥미로운 것은 「상서」와 「사기」의 기록에서 곤과 우는 신화의 인물이 아니라 요순 임금의 명을 받아 치수를 실행하는 신하로 등장하여 마치 이 이야기가 역사적 사실인 것처럼 묘사된다는 것이다. 서두에 언급했듯이 신화가 역사화 된 까닭은 옛날의 문물이나 사상, 제도를 귀하게 여겨 모범으로 삼는 중국의 역사관인 상고주의(尙古主義) 때문이라고 한다.

국가와 왕실, 지배계층의 지배 논리를 마련하고, 권위를 높이기 위해 신화와 전설을 실재의 역사로 서술한 것이다. 곤우의 치수는 신화 속의 천제에 의해서가 아니라, 요순 왕의 명령으로 이루어졌고, 중국 왕조는 우의 치수로부터 시작되었다.

곤우치수 이야기는 후대의 필요에 따라 끊임없이 재해석된다. 중국 근대 문학가이자 사상가인 루쉰(魯迅)은 「홍수를 다스리다」라는 소설에서 곤우치수 신화를 신구 가치관에 비유했다. 이 소설에서 우의 치수 방법은 기존 질서와 악습의 낡은 가치를 타파하고, 신문화와 신사상의 새로운 가치관이 승리한다는 내용의 풍자로 다루어진다. 우가 홍수 조사를 마치고 고관들과 대책 회의에서 치수 방법을 이야기하는 장면이 묘사되는데 요약하면 다음과 같다.

> 우가 말한다. "나는 조사를 통해 이전의 방법, 즉 '막기(湮)'가 확실히 잘못이었다는 것을 알았소. 앞으로는 '트기(導)'를 방법으로 삼아야 하리니! 여러분의 의견은 어떤가요?"
> 고관들이 말한다. "소직의 어리석은 생각으로는, 대인께서는 그 명령을 취소하여야 할 것 같사옵니다." "막기는 대인의 어른(곤)께서 정하신 방법입니다." "더욱이 대인의 어른(곤)께서는 얼마나 심혈을 기울이셨던가요. 옥황상제의 식양을 빌려다가 홍수를 막았기 때문에, 비록 상제의 노여움을 사기는 했지만, 홍수의 깊이는 분명히 조금 낮아졌지요. 이를 보면 역시 종래대로 치수를 해야 한다는 것입니다." "요컨대, '막기'는 세상에서 이미 정평이 난 좋은 방법인 것이고, 다른 여러 가지, 소위 '모던'이라는 것들도, 옛날에 치우씨가 바로 그것 때문에 실패했던 것입니다."

우가 말한다. "내가 말하고자 하는 건, 산천의 형세를 조사하고 백성들의 의견을 모아서 이미 실정을 파악하고 주의를 정한 것이니, 어쨌든 간에 '트기'가 아니면 안 된다는 것이요!"

이 글에 등장하는 인(湮)은 氵(물 수)와 亜(막을 인)이 합쳐진 글자로 '물을 막는다'라는 뜻이다. 도(導)는 道(도)의 길과 寸(촌)의 손이 합쳐진 글자로 '터서 물을 흐르게 한다'라는 뜻이고 '인도하다'와 '소통하다'라는 의미도 된다.

하나라 우임금 동상과 치수사업

루쉰은 상고주의 가치관으로 관료들이 지키고자 하는 '막기'를 낡은 가치로 본다. 관료들은 '트기'를 '모던'이라고 치부하면서 새로운 방법이 오히려 실패를 낳는다고 항변하지만, 우는 논리적인 설명으로 '트기'를 홍수 다스리기 방법으로 결정한다. 그러나 이 이야기에서는 새로운 가치관의 필요성을 강조하기 위하여 '막기'가 아니라 '트기'를 주장하는 것이지, '트기'의 공학적 우수성을 증명하는 것은 아니다.

곤우치수에 관한 후대의 해석은 늘 '막기'와 '트기'의 이분법으로 진행된다. 곤은 '막기'로 치수에 실패했고, 우는 '트기'로 치수에 성공했다는 것이다. 더 나아가 이러한 이분법은 곤과 우를 선과 악, 역천자와 순천자, 낡은 가치와 새로운 가치의 대변자로 규정한다. 이는 어디까지나 천제에 순응하는 지배자의 권위를 드러내거나, 새로운 변화를 추구하는 근대적 사상을 주장하기 위한 인문학적 해석일 뿐이다. 공학적 관점에서 볼 때는 '막기'와 '트기'의 두 공법 중 어느 것이 더 우수하다고 섣불리 말할 수 없다. 여러 고전 문헌들을 보면 우 역시 '막기'의 방법을 시도하여 제방을 쌓기도 했다는 기록들도 있다.

현대 치수 공법에서 물을 가두는 '막기'는 제방과 댐이 대표적이다. '막기'는 오히려 수위를 높임으로써 홍수를 막는 역설적인 공법이다. 반면 '트기'는 하천을 깊이 파거나 넓히기, 산과 땅에 물길 내기, 제방 트기 등으로 물을 빠르게 흐르도록 하여 수위를 낮추는 공법이다. 놀라운 점은 첨단 기술의 시대에 사는 우리의 치수 공법이 까마득히 먼 옛날 신화의 시대의 사람들의 발명품이라는 것이다. 역사 속에서 저마다의 필요 때문에 '막기'와 '트기'가 실패와 성공이라는 이분법적 대립으로 그려지고 있었지만 사실 그것은 고대인들이 끝없는 도전을 통해 얻어낸 위대한 지혜의 증거이다. 그들은 산천의 형세를 관찰하고 지형에 맞는 치수의 방법을 고안해냈을 것이다. 물이 아래로 흐르는 성정을 이해하고 하류로부터 홍수를 다스렸을 것이다. 때로는 막고, 때로는 트면서 자연의 수난에 응전하며 땅을 지키고 삶을 이어왔을 것이다.

곤우치수의 이야기는 인문학의 영역에 속해 있지만, 자연의 섭리와 땅의 속성을 관찰하고 이해하는 것이 모든 과학의 출발점이라는 진리를 깨우쳐 준다는 점에서 우리 공학자들에게도 소중한 이야기이다. 그런 의미에서 곤과 우, '막기'와 '트기'는 상생과 협력의 지혜가 아닐까 생각해 본다.

1-3

홍수, 하늘이 주는 재앙인가,
은택인가?

홍수, 하늘이 주는 재앙인가, 은택인가?

 과거로부터 지금까지 인류가 겪은 수많은 자연재해 중 가장 극적인 것은 아마 홍수였을 것이다. 그래서인지 역사 속 다양한 신화 속에 공통으로 등장하는 것이 홍수 이야기이다. 홍수 설화는 현실의 홍수를 이해하고 해석하는 고대인들의 문화적 통찰을 담고 있다. 대체로 설화 속에서 홍수는 인류의 악행에 대한 재앙으로 그려진다. 하지만 그것 못지않게 재앙을 극복하고 새로운 삶을 재건하는 인간의 모습도 담고 있다. 역사도 마찬가지이다. 나일강의 범람이 모든 것을 휩쓸어 간 자리에 이집트 문명은 탄생했다. 몬순 지역에서도 홍수가 없었다면 농사를 위한 비옥한 토지를 얻지 못했을 것이다. 오늘날도 다르지 않다. 홍수가 있기에 그 물을 저장하는 수자원 공급 시설이 기능할 수 있다. 이렇게 인류 문명은 홍수를 극복하면서 물을 이용한 역사를 써온 것이다.

기후 위기로 인해 우리는 새로운 홍수의 시대에 살게 되었다. 과거와는 전혀 다른 방식으로 극심한 홍수가 자주 발생할 것으로 예측된다. 이 난관을 극복할 여러 지혜가 필요할 때이지만, 수천 년 동안 홍수라는 자연재해가 인류에게 어떤 영향을 주었고 어떤 믿음을 갖게 했는지, 그리고 어떤 대응 자세를 가졌는지 살펴보는 것도 가치 있는 일일 것이다. 왜냐하면, 홍수는 인류에게 고난을 성찰하고 새로운 창조를 이어갈 수 있는 위대한 도전 의식을 선물해주었기 때문이다. 우리는 그 내용을 옛 신화나 옛이야기 속에서 찾아볼 수 있는데, 거기에는 의로운 개인이나 집단이 홍수에서 탈출하여 살아남는데 몇 가지 공통적인 요소가 등장한다. 길가메시 서사시, 성경, 힌두 신화 속 마누 이야기가 대표적인 홍수 설화이다.

길가메시 서사시의 홍수 설화는 수메르(기원전 2200년경), 바빌로니아(기원전 1500년경), 아시리아(기원전 700년경) 등 고대 메소포타미아 문명권의 점토판에 기록되어 있다. 이 이야기 속에서 세상의 인구수가 급격하게 증가하고 인간들이 내는 소음으로 신들은 고통 받게 된다. 이에 엔릴이 이끄는 신들은 신을 존중하지 않는 인간들에게 분노하고 마침내 홍수로 지구상의 모든 생명을 파괴하기로 한다. 그러나 에아 신은 영웅 '우트나피쉬팀'에게 재앙이 임박해옴을 경고하고 홍수에서 살아남을 수 있는 배를 만들라고 말한다. 우트나피쉬팀은 그의 가족과 모든 종류의 동물을 배에 태우고 폭풍이 가라앉을 때까지 며칠 동안 물 위에 떠다니게 된다. 그리고 마침내 살아남은 우트니피쉬팀이 신으로부터 불멸의 힘을 얻는다. 메소포타미아 설화에서 홍수는 순종하라는 신의 가르침이었다.

성경에도 홍수 이야기가 등장한다. 창세기 6장에 기록되어 있으며, 노아의 방주 이야기로 우리에게 잘 알려져 있다. 여기에서도 하나님은 인류를 멸망시키기로 한다. 인구가 증가하여 악이 세상에 만연해졌기 때문이다. 그러나 하나님은 의로운 남자인 노아를 구원하기로 하고, 노아에게 큰 방주를 짓고 가족과 모든 종류의 동물을 한 쌍씩 태우라고 명령한다. 하늘로부터 많은 비가 내려 지구는 물에 잠기기 시작하고 40번의 낮과 40번의 밤이 지날 때까지 대홍수는 계속되어 모든 살아있는 존재는 지상에서 사라졌다. 홍수가 끝나고 방주가 산꼭대기에 멈추자 노아와 그의 가족은 땅 위로 나와 감사의 제사를 올렸다. 그리고 하나님은 "내가 다시는 물로 세상을 심판하지 않겠다."라고 선언한 후, 노아에게 약속의 징표로 무지개를 만들어주었다. 무지개는 하나님과 노아가 맺은 경외와 순종의 언약을 상징한다. 그 후 노아와 그의 가족은 다시 땅을 일구고 새로운 시대를 시작한다. 유대-기독교 신화인 성경에서 홍수는 정화를 상징하고 있다. 홍수를 통해 인간의 사악함을 씻어내고 새로운 시대를 창조한 것이다.

힌두 신화 속 마누의 전설에는 비슈누 신이 세상을 멸망시키기 위해 보낸 홍수 이야기가 등장한다. 이야기에 따르면 악마 '하야그리바'가 신성한 경전인 베다를 훔쳐서 바다 밑으로 가져가자, 비슈누 신은 베다를 구하기 위해 물고기(마츠야)로 변신하여 바다로 내려간다. 비슈누는 헤엄치다가 마누라는 사람을 만나고, 그에게 다가올 홍수에 관해 이야기한다. 비슈누는 마누에게 배를 만들어 모든 종류의 동물과 엄선된 현자와 성자 몇 명을 태우라고 지시한다. 곧이어 홍수가 땅을 덮치고 마누의 배는 살아남아 히말라야에 안착한다. 마누는 이후 인류의 아버지가 되어 사회를 다스리는 법과 관습을 정립하게 된다. 힌두 신화에서 홍수는 재창조의 시간을 상징한다. 창조의 한 주기가 끝나고 다른 주기가 시작된 것이다.

길가메시 서사시 점토판　　　　노아의 방주　　　　마츠야 화신

　이와 같은 다양한 홍수 설화는 고대인의 생각을 추론해 볼 수 있는 귀중한 자료이며 역사 이전의 인류 문명의 모습을 그려볼 수 있는 단서가 된다. 고대인들은 대재앙인 홍수에 직면하여 좌절하기보다는 그 재앙을 그들의 논리로 해석하고 의연히 맞서 다시 살아갈 방법을 찾는다. 우선 고대인들은 홍수를 새로운 창조의 계기로 여긴다는 공통점이 있다. 많은 신화에서 홍수

는 그동안 쌓인 모든 악과 부패를 씻어내고 새로운 출발을 가능하게 한다. 더 선한 사회를 시작하기 위해 의로운 사람이 구원받고 생명을 계속 이어갈 동물이 살아남는다. 또 홍수는 대부분 신이 형벌로 그려지는데 이는 종교 공동체의 도덕적, 윤리적 가치를 강화하고 신과 인간의 관계를 이해하기 위한 틀을 제공하려는 방법으로 볼 수 있다. 이를 통해 자신들의 사회를 진보시키고 더 고결한 삶을 살고자 하는 의지를 엿보게 된다.

홍수 신화는 신에게서 부여받은 자연에 대한 인간의 지배권을 담고 있기도 하다. 신에게 미리 언질을 받고 배나 뗏목을 만든 인간의 이야기가 바로 그것이다. 인간은 재앙적인 사건에 직면하지만, 자신들만의 독창적인 능력으로 극복해나간다. 마지막으로 홍수 신화는 인류의 기원에 대한 고대인들의 생각과 문명 발전의 과정을 추론해볼 수 있는 자료로 활용되기도 한다. 메소포타미아 지역에서 빈번히 발생하는 홍수는 인류의 기원에 대한 논리를 신화적으로 구성하게 하는 영감이 되었을 것이고 이것이 다른 지역으로 점차 확대되어 퍼져 나갔을 것으로 짐작된다. 신이 내린 형벌이건, 자연의 모진 시련이건 중요한 것은 그것을 이겨내는 이들이 인류의 문명을 일구고 이어왔다는 점이다.

홍수 신화는 21세기에도 재현되고 있는 듯하다. 2000년대 이후 IPCC가 발표한 기후변화보고서에는 인간 활동이 지구 환경에 미치는 대표적인 영향으로 기후 변화를 경고하고 있다. 기후 변화는 홍수를 비롯한 심각한 자연재해의 직접적인 원인이 된다는 것이다. 이에 지구의 건강을 해치는 우리의 행동을 반성하고 지속 가능한 환경을 만들기 위해 책임이 인간에게 있다는 인식이 확장되고 있다. 이런 인식을 담고 있는 대표적인 영화가 2004년 상영된 영화 〈투모로우〉이다. 〈투모로우〉는 지구 온난화에 대한 경고를 무시하다 결국 빙하가 녹아 대홍수가 발생하는 내용으로 지구 종말론적 담론을 끌어내는 역할을 했다. 인간의 교만에 대한 대자연의 경고, 그리고 파괴와 종말에 대한 두려움은 고대의 홍수 신화를 떠올리게 한다.

2004년 상연된 영화 〈투모로우〉 포스터

하지만 우리는 홍수 신화로부터 전해 내려오는 재난으로부터의 회복력도 가지고 있음을 잊지 말아야 한다. 홍수가 초래하는 파괴력에도 불구하고 인간은 서로 힘을 합쳐 재건과 복구를 해나가며 인간 정신의 힘을 보여주었다. 이 공동체 의식이야말로 우리가 가진 최고의 회복력이다. 성경에서 노아는 자신의 가족뿐만 아니라 모든 종류의 동물을 두 마리씩 방주에 태우라는 지시를 받는다. 길가메시 서사시의 영웅 우투나파쉬팀은 동료 생존자들과 함께 배를 만들어 홍수로부터 살아남는다. 이는 위기 상황에서 사회적 유대를 유지하고 다른 사람을 돌보는 것이 얼마나 중요한지를 보여주는 대목이다. 신화 속 홍수 설화가 현대와 관련이 없는 허무맹랑한 이야기처럼 보일 수 있지만, 사실은 오늘날에도 중요한 교훈을 주고 있다. 역경 속에서도 희망을 찾고, 믿음을 유지하며 극복해나가게 하는 공동체의 가치가 그것이다.

  기후 위기는 자연이라는 신이 내린 대재앙이 될 수 있다. 하지만 현대의 인류는 두려움에 떨며 좌절하고만 있지는 않을 것이다. 문명의 달콤한 편리를 잠시 늦추면서 미래의 인류를 생각하는 대책을 마련하는 것, 지구상의 위험한 지역의 이웃들에게 구호의 손길을 보내는 것, 인간과 자연의 건강한 공생을 찾는 것, 이 모든 것들이 연대의 힘이며 공동체의 소중한 의식이다. 인류가 축적해 온 오랜 지혜이다.

비옥한 나일강의 범람터 (사진: Bibleland TV, 나일강에서 캡처)

홍수는 하늘이 주는 재앙인가? 하늘이 주는 은택인가? 홍수는 인류에게 부정적인 영향과 긍정적인 영향을 모두 미칠 수 있다. 홍수는 매우 파괴적이며 주택, 사업체, 인프라와 환경에 심각한 피해를 준다. 반면에 홍수는 농업, 산업 및 인간 소비에 필수적인 수자원을 제공하고 지하수 공급을 보충하는 데 도움이 된다. 경우에 따라 홍수는 자연 생태계를 지원하고 생물 다양성을 증진하는 데도 도움이 될 수 있다. 이런 홍수가 피할 수 없는 것이라면 이제 홍수와 함께 살기가 필요하다. 고난과 역경을 이겨내는 회복력과 지역공동체 의식은 홍수를 하늘의 재앙에서 하늘의 은택으로 바꿀 수 있는 원동력이다. 이집트를 '나일강의 선물'이라고 불렀던 헤로도토스의 말이 의미하는 바를 다시 한 번 새겨볼 때이다.

1-4

물에서 도(道)를 보다,
상선약수(上善若水)의 지혜

물에서 도(道)를 보다,
상선약수(上善若水)의 지혜

우리는 길 위의 삶을 살아간다. 매일 길을 통해 어디론가 가고 있다. 땅의 길, 산의 길, 바다의 길, 하늘의 길이 우리를 일터로 가게하고, 여행을 떠나게 하고, 산을 오르거나 고향에 돌아가게 한다. 그런데 이런 길은 대개 향하는 목적지까지 우리가 분명하게 알아볼 수 있다. 지도를 통해 생김새를 볼 수 있고, 내비게이션을 통해 실시간으로 안내받을 수 있으며, 어디쯤 가고 있는지도 얼마든지 가늠할 수 있다. 그것을 통해 우리는 시간과 경제적으로 가장 이로운 길을 선택할 수도 있다. 즉 이런 길은 우리가 정확히 인식할 수 있는 길이라는 것이다. 그런데 볼 수도, 만질 수도, 들을 수도 없는 길이 있다. 행복의 길, 인생의 길, 부부의 길, 부모의 길, 자식의 길, 군주의 길, 성인군자의 길, 자연과 조화를 추구하는 무위(無爲)의 길 등이 그것이다. 우리의 삶은 이런 무형의 길도 걸어가야 한다. 아니, 어쩌면 잘 살기 위해서는 무형의 길이 더 절실할지도 모른다. 우리는 삶이 다할 때까지 강을 건너고 산을 넘는 험난한 인생의 길을 밟아가야 한다.

길은 한자로 도(道)이다. 그런데 이 도는 동양철학에서 중요한 개념이 되어 다양하게 해석되고 사용된다. 도가(道家)의 노장사상에서 도는 우주와 만물의 근원이자 법칙이며 자연스러운 흐름으로 본다. 도가는 자연의 도리를 탐구하고 이해하는 데 초점을 두는데, 인간은 도를 통해 자연과 조화되는 무위(無爲)의 깨달음을 얻는다. 반면 유가(儒家)에서 도는 사회에서 이루어지는 인간의 삶과 행위에 대한 진리와 원리를 이르는 윤리·철학적인 개념이다. 유가의 도는 성인(聖人)과 군자(君子)의 행동 원칙이자 대동 세상을 만들기 위해 인간이 가야 할 길을 의미한다. 도에 대해 도가와 유가는 각각 다른 의미를 이야기하고 있는 것 같지만, 개인과 사회를 이롭게 하는 길이자 진리라는 측면에서 궁극적으로 다르지 않다. 도는 개인의 인격 수양 차원에서나 사회와 국가의 발전이라는 차원에서나 모두 어떤 지혜이자, 행동 강령이 되는 철학적 개념이다.

우리는 이런 도를 어떻게 얻을 수 있는가? 도는 추상적인 개념이자 비인격적인 실재이기에 오감으로 느낄 수 없고, 직관과 체험을 통해 자각해야 한다고 한다. 하지만 도를 직접 자각하여 세상을 이롭게 한다는 것은 지극히 어려운 일인 것 같다. 우리는 고대의 성인 또는 현인이 자각한 도를 기록한 고전을 통하여 도가 무엇이고, 도를 얻으면 무엇을 이룰 수 있는지 공부할 뿐이다. 〈주역〉에는 성인들이 만물에 대한 깊은 관찰로 얻어낸 64괘가 담겨 있는데, 그것은 하늘에 있는 무형의 상(象)을 자각하여 표상한 것이다. 그리고 성인군자의 도를 각 괘의 괘상을 통해 말로 설명하며 우리가 나아갈 길을 제시한다. 〈주역〉에서 도를 만든 대표적인 성인은 복희씨, 신농씨, 황제, 요임금, 순임금, 우임금, 탕임금, 주문왕, 주공 그리고 공자이다. 복희씨는 성인의 도를 자각하여 수렵 사회를 개척하였고, 신농씨는 농업과 교역 사회를 만들었고, 우왕은 수로(水路)를 만들어 세상을 이롭게 했다. 공자는 인(仁)을 통하여 세상을 교화하였고, 고대의 대표적인 현인인 노자와 장자는 자연과 조화로운 삶을 추구하는 도를 제시하여 세상을 이롭게 하고자 했다.

　옛 현인들은 도를 얻으면 무엇을 할 수 있다고 말했을까? 〈주역〉에서는 성인이 자각한 도를 얻고 실천하면 군자의 덕업(德業)이 드러나 길흉(吉凶)을 피하고 우리가 나아갈 길을 알 수 있다고 하였다. 또 〈장자〉 「추수편」에는 어째서 도를 귀하게 여기는가에 대한 답이 다음과 같이 담겨 있다. 도를 아는 사람은 사물의 이치, 곧 질서, 규칙, 원리를 알게 된다. 이는 편견이나 어떤 가치관, 이념, 신념에서 벗어난 상태가 된다는 의미이다. 사물의 이치에 통달하는 사람은 임기응변(臨機應變)에 능하게 되는데 이는 권모술수에 능해진다는 말이 아니다. 그것은 주관적인 판단을 하게 하는 자기의 감각과 가치관을 벗어나 넓은 이치를 알기에 세상이 변화하는 순간마다 가장 적합한 태도를 취할 수 있다는 말이다. 그리고 이렇게 임기응변 능하면 세상으로부터 해를 입지 않는다고 한다.

〈주역〉과 〈장자〉는 도의 실천에 대해 유사한 말을 하고 있다. 그것은 도를 얻으면 만사가 다 이루어진다는 것이다. 하지만 도는 보이지도, 만질 수도 들을 수도 없는 것이다. 도를 이해하기가 이렇게 어려우니 실천은 더 큰 좌절이 따를 수밖에 없다.

이에 우리의 현인 노자는 우리에게 도를 볼 수 있는 방법을 제시한다. 바로 물이다. 노자는 보이지 않는 도를 물에 비유해 표상하였는데 상선약수(上善若水), 즉 물이 진정한 선이라는 말이다. 〈도덕경〉 8장에 나온 말로, 만물을 이롭게 하고, 다투지 아니하며, 사람들이 싫어하는 곳에 기꺼이 처하는 물의 이치와 원리는 도의 모습을 담고 있다고 한다. 다만 물은 표상이기 때문에 완전한 도가 아니라 도에 가깝다고 한다. 노자가 말한 물의 도에 대해 살펴보자.

> 가장 훌륭한 것은 물과 같다 (上善若水).
> 물은 만물을 이롭게 하면서도 다투지 않고 (善利萬物而不爭),
> 주로 사람들이 싫어하는 곳에 처한다 (處衆人之所惡).
> 그러므로 거의 도에 가깝다 (故幾於道).
> ㅡ〈도덕경〉 8장

물은 만물을 이롭게 한다. 물은 만물에 생명을 주지만 공을 내세우는 법이 없고, 지배하려 하지도 않는다. 물은 자신을 무한히 작게 만들어 자기가 없는 무욕(無欲)의 실체이다. 무욕이 함축하는 바는 정해진 목적과 계획이 없고 의도적으로 무엇을 하려고 하지 않는 것이다. 따라서 이 세상과 완전히 조화되어 가장 훌륭함(上善)을 실현한다. 이는 우리가 보는 물의 모습이다. 하늘에서 내린 빗물이 계곡, 도랑, 시냇물, 하천을 통해 강으로 모이고 바다로 흘러간다. 바다로 흘러간 물은 수증기가 되어 하늘로 올라가고 다시 빗물이 되어 세상을 적시어 만물에 생명을 불어넣는다. 또 땅속으로 스며든 물은 지하수가 되어 모든 사람이 물의 은택을 공유할 수 있게 한다. 이렇게 자신을 내려놓고 시의적절하게 모습을 바꾸며 순환하는 물은 온 세상을 이롭게 한다.

물이 세상 어느 곳이건 가리지 않고 흐르고 거기에 맞추어 액체, 기체, 고체로 자유롭게 모습을 바꾸는 것은 우리에게 욕심, 편견, 아집, 고정관념을 내려놓는 덕을 가르친다. 만약 물이 자기의 고집으로 "나는 시냇물로는 흐르지 않을 거야. 나는 땅속으로는 스며들지 않을 거야. 나는 하늘로는 올라가지 않을 거야. 나는 빗물이 되어 대지에 떨어지지 않을 거야."라고 한다면 세상이 어떻게 되겠는가. 그래서 물은 만물에 생명을 주지만 공을 내세우지도 않고 세상을 지배하려고 하지도 않는다고 말하는 것이다. 이렇게 물의 덕성은 '자기 비움(虛心)'에 있다.

물은 다투지 않는다. 노자 사상에서 도로 일컬어지는 유무상생(有無相生)은 유가 유인 까닭, 무가 무인 까닭은 그 근거가 자기 자신에게 있지 않고 상대편과의 관계 속에서 생성된다는 뜻이다. 이 말은 있음과 없음, 높고 낮음, 앞과 뒤, 왼쪽과 오른쪽, 남과 여, 아름다움과 추함, 옳음과 그름 등 세상의 모든 서로 대립하는 쌍들이 서로를 존재의 근거로 삼으며 조화를 이룬다는 것을 의미한다. 대립 쌍이 이분법적 흑백논리로 나뉘지 않고 공존하기 때문에 당연하게 갈등이 없다. 인위적인 구분이 아니라 자연스러움, 무위(無爲)로 행하는 유무상생의 세상, 물은 이 유무상생의 도를 가지고 있다.

물의 모습은 유무상생을 보여준다. 물은 절벽을 만나면 탓하지 않고 몸을 던진다. 웅덩이를 만나며 피하지 않고 다 채운 후에 흘러간다. 가파른 계곡에서는 좀 더 빠르게 흐르고, 막힘을 만나면 돌아가고, 평지를 만나면 더 여유롭게 흐른다. 대지에 내린 빗물은 계곡을 만나면 계곡물이 되고, 시내를 만나면 시냇물이 되고, 강을 만나면 강이 되어 가장 낮은 곳인 바다로 흘러간다. 이렇게 물은 만나는 시공간에 알맞게 빠르게 또는 천천히 흐르면서 먼저 앞서려는 다툼도 없고, 흐르는 공간을 인위적으로 선택하지도 않으며 있는 그대로의 자연환경에 조화하려는 무위의 마음으로 자연스럽게 흐른다. 이러니 어찌 다툼이 있겠는가?

다툼은 너와 나의 구분으로부터 비롯된다. 나와 성격이 다른 상대방을 만났을 때 자기 기준과 신념이 강한 사람일수록 다툼이 발생할 가능성이 크다. 역으로 말하면 자기 기준을 버리고 전체 속에서 자기를 내려놓으면 다툼의 연원이 없다. 물은 변화에 적절하게 대응할 뿐 자기주장을 하지 않는다. 자신의 모든 것이 자연과 조화하니 다툼의 원인이 생기지 않는다. 물은 스스로 자신을 해체하는 존재이다. '자신을 해체하다'라는 말의 의미는 〈장자〉「제물론」에 나오는 오상아(吾喪我)라는 말에서 찾아볼 수 있다. 오상아에는 나를 의미하는 아(我)와 오(吾)가 았다. 아(我)는 어떤 가치, 이념, 신념, 특정 지식에 갇힌 '나'이다. 반면 오(吾)는 자신을 성찰하고 자각하여 어느 선(善)의 단계에 이르게 된 '나'이다. 吾喪我는 "나(吾)는 나(我)를 살해했다. 나(吾)는 나(我)를 장례 지냈다. 나(吾)는 나(我)를 잊어버렸다."로 해석된다. 결국, 오상아는 편협한 나(我)를 해체해 도를 자각한 나(吾)에 이르게 되었다는 의미일 것이다. 오상아는 다툼이 침범할 시공간이 사라진 도의 경지를 보여주는 말이며 물이 바로 그 오상아의 덕성을 가지고 있다는 것을 알 수 있다.

그렇다면 우리는 오상아를 어떻게 실천할 수 있을까? 〈장자〉「추수(秋水)편」에는 황하의 신 하백(河伯)이 북해의 신 북해약(北海若)을 만나 오상아로 깨달음을 얻는 이야기가 나온다.

> 가을에 홍수가 나서 수많은 하천의 물이 황하를 향해 한꺼번에 넘쳐 흘러들어온다. 황하강물이 멀리까지 불어나 저쪽 강가에 있는 것이 소인지 말이니 구분할 수 없을 정도이다. 여기에 황하의 신인 하백(河伯)이 기뻐 좋아하며 온 천하의 훌륭함이 모두 자기에게 모여 있다고 생각했다. 흐름을 따라 동쪽으로 가서 북해(北海)에 이르러 동쪽의 해상(海上)을 보니 어찌나 넓은지 물의 끝도 보이지 않았다. 그래서 하백은 비로소 그 얼굴을 돌려 북해의 신인 약(若)을 올려다보고 한숨을 지으면 말했다. 들에 돌아다니는 소문이 "도(道)를 백 가지 들으면 저보다 나은 자가 없다고 생각한다."는 말이 있지만 이건 바로 나를 두고 말한 것이오. 대체 나는 이전에 공자의 지식도 적고 백의숙제의 절의도 가벼운 거라는 말을 들은 적이 있는데 지금껏 믿지 않았습니다. 그런데 지금 나는 당신의 무궁한 지혜를 직접 목격하고서야 그 사실을 믿게 되었습니다. 내가 만약 당신의 문전에 오지 않았다면 위태로웠을 겁니다. 나는 오랫동안 뛰어난 도를 터득한 사람들로부터 비웃음을 샀을 테니까요.
>
> -장자,「추수(秋水)편」

중국 황하

    황하는 중국 문명의 상징으로 어머니의 강이라 불린다. 고대 황하는 신성한 동물인 용이 꿈틀거리는 초월적인 세계이고, 황하의 하규 유로는 홍수가 나면 수백 킬로미터를 이동하고, 강폭은 수 킬로미터에 이르는 거대한 강이다. 이 거대한 황하를 다스리는 신인 하백은 인간의 세계를 초월해 그 누구도 범접할 수 없는 존재로 비유될 수 있다. 그런데 자신이 가장 우월하다고 느꼈던 하백이 북해약에게 내가 얼마나 작은지를 알겠다고 한다. 하백은 북해를 보고 오상아 하여 자기의 부족함을 성찰하고 도의 이치를 깨달은 것이다. 자신을 자각한 하백에게 북해약은 이렇게 말한다.

    북해약(北海若)이 말했다. 우물 속에 있는 개구리에게 바다에 대해 말해도 소용이 없는 것은 그 개구리가 살고 있는 좁은 곳에 사로잡혀 있기 때문이오. 여름벌레에게 얼음에 대해 말해도 별수 없는 것은 그 벌레가 살고 있는 철(時)에 집착되어 있기 때문이오. 한 가지 재주뿐인 사람에게 도에 대해 말해도 통하지 않는 것은 그가 받은 교육에 얽매여 있기 때문이오. 그런데 지금 당신은 좁은 두 강가 사이에서 빠져나와 대해(大海)를 보고 비로소 당신 스스로가 얼마나 소견이 좁았는가를 깨달은 셈이오. 당신은 이제 대도(大道)의 이치를 말할 수 있다 하겠소. 천하의 물에는 바다보다 큰 곳이 없소. 수만의 강물이 이리로 흘러들어 언제나 그칠지 모르는데 넘치는 일이 없소. 바닷물이 새어나가는 곳에서 물이 새어나가 언제 멈출지 모르는데 텅 비는 일은 없소. 봄이나 가을에도 변하는 일도 없고 홍수나 한발(旱魃)도 알지 못하오. 그러니 이것은 양자강이나 황하의 흐름에 비해 도저히 수량으로 잴 수가 없을 정도이오. 그렇다고 나는 그것을 스스로 많다고 한 적은 없소. 그것은 스스로 몸을 천지에 의탁하고 기(氣)를 음양(陰陽)에서 받았기 때문이오. 내가 드넓은 천지 사이에 있는 것은 마치 자갈이나 적은 나무가 큰 산에 있음과 같소. 이제 스스로를 작다고 하는 생각에 머물러 있는데 어찌 또 스스로를 많다고 하겠소.

-장자, 「추수(秋水)편」

하백이 북해를 보고 오상아로 자기의 부족함을 반성했다는 것은 가장 훌륭한 덕(上德)이다. 북해약은 반성하는 하백을 긍정하면서 이제 도를 말할 수 있다고 한다. 또 북해약은 바다보다 큰 것은 없다고 말하면서도, 자신은 하늘과 땅의 이치 따라 존재할 뿐 자기 스스로 크고 대단하다고 하지 않고 사막의 모래알 같은 존재라고 자신을 낮춘다. 북해약이 이런 도를 우리는 가늠할 수 있을까? 북해약의 도는 너무 현묘해서 어쩌면 우리에게는 보이지도 느껴지지도 않을 것이다.

물은 사람들이 싫어하는 곳에 처한다. 處衆人之所惡에서 惡는 '싫어하다', '더럽다', '나쁘다' 등의 뜻을 가진 글자이다. 어디가 사람들이 싫어하고, 더러워하고, 나쁘다고 하는 곳일까? 사람들은 높은 지위를 원하지 낮은 곳에 처하고 싶어 하지 않는다. 사람들은 현실의 편안함과 안락함을 즐기지 불편한 도전, 탐험, 혁신의 길로 가고자 하지 않는다. 사람들은 이런 길을 험난하여 나쁘다고 한다.

사마천의 〈사기열전(史記列傳)〉 중 「노자한비자열전(老子韓非列傳)」에는 '더러운 도랑물'에 관한 이야기가 나온다.

> 초 위왕(楚威王)은 장주(莊周)가 현인이라는 말을 듣고 사신을 보내 후한 예물을 주고 재상으로 맞아들이려고 했다. 그러나 장주는 웃으며 초나라 사신에게 말했다.
> "천금(千金)은 막대한 이익이고, 재상이라면 존귀한 지위이지만, 그대는 제사를 지낼 때 희생물로 바쳐시는 소를 보지 못했습니까? 그 소는 몇 년 동안 사육되다 화려한 비단옷에 입혀져 결국 종묘(宗廟)로 끌려 들어가게 되오. 이때 이 소가 몸집이 작은 돼지가 되겠다고 한들 어찌 그렇게 될 수 있겠소? 그대는 빨리 돌아가 나를 더이상 욕되게 하지 마시오. 나는 차라리 더러운 도랑물에서 노닐며 스스로 즐길지언정 나라를 가진 제후들에게 얽매이지 않을 것이오. 죽을 때까지 벼슬하지 않고 내 뜻대로 즐겁게 살고 싶소."
> -〈사기열전(史記列傳)〉「노자한비자열전(老子韓非列傳)」

장자가 재상이 되기보다는 더러운 도랑물을 더 좋아했다는 것이 아니다. 장자의 이런 행동에는 춘추전국시대에 탐욕과 폭정이 만연함을 비판하고, 백성을 돌보지 않고 전쟁을 일삼는 제후들을 위해서는 일을 하지 않겠다는 정치·사회적인 배경이 있다. 철학자 최진석은 이 이야기를 어떤 권부에 들어가 통치자 주위에서 국가와 사회를 위해 봉사하는 삶을 반대하는 것이 아니라, 비단옷만 입혀주면 제사상에 스스로 걸어 올라갈 수도 있는 사람들로 채워진 그 권부에 가느니 차라리 '존엄과 독립성'을 지키면서 더러운 도랑물에 사는 것이 낫겠다는 것이라고 해석한다. '더러운 도랑물'은 자기의 '존엄과 독립성'의 은유적인 표현이다. 물은 사람들이 싫어하는 시궁창에도 기꺼이 머물며 자기의 존엄과 주체성을 지키는 존재이다.

시대가 바뀌어 21세기를 사는 우리에게 상선약수(上善若水)는 또 어떻게 해석될 수 있을까? 우리가 배워야 할 물의 미덕은 무엇일까? 물은 멈추지 않고 순환한다. 네모 그릇에 담으면 네모가 되고, 둥근 그릇에 담으면 둥근 모양이 되는 물은 언제든지 자신이 처한 시공간에 맞추어 변화한다. 물은 계곡, 폭포, 산, 굽은 땅, 넓은 평원에서 서로 다투지 않고 모여 흐르며 종국에는 가장 낮은 위치에 있는 거대한 바다에 이른다. 그러나 바다는 끝이 아니라 새로운 시작이다. 바다에서 증발하여 하늘로 올라가 물은 구름이 되고 다시 빗물이 되어 만물을 이롭게 한다. 그런 의미에서 21세기 AI 시대에 사람들이 험난하여 가지 않는 길은 바로 도전, 혁신의 길이 아닐까 싶다. 물의 부드러움과 조화로움은 유연한 사고와 창의적인 융합 능력의 본보기이며, 물의 세상을 이롭게 함은 새로운 기술이 향해야 할 진정한 목표일 것이다.

상선약수의 지혜는 통제할 수 없이 뜨겁게 달아오른 현대의 불 문명을 중화시키기 위해 필수 불가결한 것이었다. 원래 인류의 문명은 물에서 출발한 물 문명이었다. 대표적으로 나일강과 유프라테스·티그리스강, 인더스강과 황하강이 4대 고대문명의 발상지이다. 이 문명들은 물의 자연스러운 흐름을 이용하며 발전했다. 이는 자연과 조화를 이루는 무위(無爲)를 실천한 것이며, 상선약수의 도가 실천된 것이라고 볼 수 있다. 그러나 증기기관의 발명으로 시작된 산업혁명은 세상을 불 문명으로 바꾸어 놓았다. 불 문명은 석탄, 석유, 천연가스 등 화석연료에서 생산되는 에너지를 토대로 하여 대량 생산과 상업 사회를 만들었다. 이제 개인, 사회, 국가는 목표와 효율성을 강조하고, 이를 달성하기 위한 계획이 당연시되는 의도적인 유위(有爲)의 가치관을 갖게 되었다. 불 문명은 인류가 지금껏 맛보지 못한 물질의 풍요를 가져오는 듯 보였지만, 그 역기능으로 지나친 경쟁, 불평등 등의 갈등과 불통으로 인류는 열병을 앓게 되었다. 또 너무 지나친 불의 이용은 지구를 뜨겁게 달구어 기후 위기를 초래하였고, 이는 자연과 생태계의 파괴로 이어져 우리의 생명까지 위협하고 있다. 우리는 자신과 자연 생태계의 생명을 보전하기 위하여 불 문명을 조절해야 할 때를 맞이했다. 그것은 가치관의 대전환이라고 할 수 있는데 상선약수의 지혜가 다시 빛을 발휘할 때이다.

불 문명의 가장 큰 문제는 갈등과 불통이다. 자연과 조화하지 못한 결과는 사람과 집단 사이의 다툼으로 이어졌고, 자연의 흐름을 인위적으로 바꾸려 했던 결과는 세상의 모든 생명을 위험에 처하게 했다. 우리는 어떻게 다시 조화와 소통의 세상을 만들 것인가? 답은 물에 있다. 물이 상선약수인 것은 물 자체가 유형과 무형의 관계적 특성을 지녔기 때문이다. 물은 그 어느 것과도 대립하지 않고 다투지 않으면서 사람들이 싫어하는 곳에도 기꺼이 처하는 도를 가지고 있다. 상생하면서 만물을 이롭게 하는 것이 물이다. 만약, 불 문명과 물 문명이 만나면 어떤 현상이 일어날까? 우리는 불이 났을 때 물을 뿌리면 불이 꺼지는 물리적인 현상을 떠올리며, 물과 불은 서로 도와주지 않고 서로 멸(滅)하는 상극의 관계일 것이라고 쉽게 생각할 수 있다. 하지만 목이 탈 때 마시는 물은 생명수이고, 가뭄으로 타들어 가는 논밭의 농작물에 내리는 비는 하늘의 은택이다. 목이 타거나 가뭄으로 타는 이미지는 불을 떠올리게 하며 이때 만나는 물은 상극이 아니라 생명을 살리는 상생의 관계이다. 불은 젖은 것을 말려주고, 물은 마른 것을 촉촉하게 해주는 상호 보완적인 관계이다.

〈주역〉에서는 수화기제괘(水火旣濟卦)와 화수미제괘(火水未濟卦)로 물과 불의 관계에 의한 소통과 불통의 세상을 설명하고 있다. 물은 아래로 흐르고, 불은 올라가는 성정이 있다고 한다. 화수미제(火水未濟卦)의 괘상(卦象)은 아래에 물이 있고 위에 불이 있는 상이다. 이 괘상은 위에 있는 불은 위로 올라가고 아래에 있는 물은 아래로 흘러 만물과 상하의 소통이 막혀 서로 상생하지 못하고 모든 것이 어긋나는 세상을 상징한다. 고대의 물 문명 위에 건설된 현대의 불 문명이 서로 소통하지 못하여 생태계의 위험과 기후 위기를 초래하고 있는 현재 상황을 떠올리게 하는 괘상이다. 반대로 수화기제(水火旣濟)의 괘상(卦象)은 아래에 불이 있고 위에는 물이 있는 상으로, 위의 물은 아래로 흐르고 아래의 불은 위로 향하여 만물과 상하가 하나가 되어 모든 것이 이루어지는 소통의 상이다.

현재의 불 문명에서 물 문명으로 대전환해야 한다면 바로 이런 모습이 아닐까 싶다. 이렇게 3000년 전 성인은 모든 것이 막힌 화수미제의 세상에서 모든 것이 소통하여 태평성대가 이루어지는 수화기제의 세상으로 나아가는 길을 우리에게 안내하고 있다. 그러니 우리가 상선약수의 도를 실천하여 세상을 이롭게 하는 길로 나아가지 않을 이유가 없다.

아는 것보다 실천이 중요하다. 백 권의 책을 읽는 것보다 한 권의 책을 읽고 실천하는 것이 더 가치 있다. 지금 우리는 소유의 욕망이 불타오르는 물질문명의 사회와 그로 인해 뜨거워진 지구에 살고 있다. 이 뜨거움이 제어되지 않는 상황에 도달하기 전에 불 위에 물 문명을 다시 자리 잡게 해야 한다. 상선약수라는 고전은 과거에 박제되어있는 유물로만 남아서는 안 된다. 언제든지 우리가 행할 수 있는 실천의 도가 되어야 할 것이다. 그 지혜를 다시 만날 때 모든 것이 이루어지는 세상이 될 것이다.

2장

물, 지혜

2-1

추상적 사고로 세상을 이해하다 -
주역이 보여 주는 물 세계

추상적 사고로 세상을 이해하다 - 주역이 보여 주는 물 세계

 구석기와 신석기 시대는 인류가 석기를 주로 사용하던 시대로, 구석기는 기원전 70만 년부터 기원전 8000년경까지, 신석기는 기원전 8000년부터 기원전 3500년경까지 이어졌다. 이 시대의 인류는 환경의 다양한 위험에 직면하면서 수렵과 채집을 통해 생존하였다. 돌로 만든 칼, 창, 화살 등 빈약한 도구로 맹폭하고 힘센 동물을 사냥한다는 것은 목숨을 거는 일이었다. 채집 활동 역시 독이 있는 식물과 곤충으로부터 안전할 수 없었다. 찌는 듯한 더위, 혹독한 추위, 거친 비바람, 천둥과 번개 등 변화무쌍한 날씨 역시 큰 두려움이었다. 이런 극한의 환경에서 원시인들은 어떤 생각을 했을까?

원시인들은 지식과 정보를 기록하고 전달할 체계적인 수단을 아직 갖지 못했지만, 그들만의 방식으로 무엇인가를 표현하고 남겼다. 구석기와 신석기에 걸쳐 제작되었다고 알려진 알타미라와 라스코 동굴 벽화, 그리고 한반도의 울산 반구대 암각화가 그 예이다.

알타미라 동굴벽화
(기원전 1만 5000 ~ 기원전 1만 년)

라스코 동굴벽화
(기원전 2만 ~ 기원전 1만 년)

알타미라와 라스코 동굴벽화는 구석기 시대의 것으로 인류가 그린 가장 오래된 예술 작품 중 하나이다. 그들은 왜 이런 그림을 그렸을까? 동물 그림 위에 돌이나 화살로 가격한 자국이 남아 있는 것으로 보아 실제로 동물을 사냥하는 모습을 표현한 것으로 추정되는데, 학자들은 여기에 어떤 주술적인 의미도 담겨 있다고 주장한다. 그림 속의 표현처럼 현실에서 사냥에 성공할 수 있기를 바라는 샤머니즘적인 의식 행위이자, 동물의 생명력이나, 힘을 얻고자 하는 주술적인 의미가 담겨 있다는 것이다. 예를 들어, 라스코 동굴 벽화에는 새의 머리를 한 사람이 내장이 나온 듯한 들소와 함께 있는 장면이 있는데, 들소를 잡을 수 있다는 믿음과 함께 비행하는 새에 대한 어떤 동경이 담겨 있다고 본다.

울산 반구대 암각화는 신석기 시대와 청동기 시대에 걸쳐 그려진 것으로, 해양 동물과 관련된 그림이 대부분이다. 그 시대의 사람들이 해양 환경에 적응하며 살아가는 모습을 보여준다. 그중 고래와 관련된 그림이 많은데 고래를 사냥하거나 고래와 함께 춤을 추는 모습이 표현되어 있다. 이는 실제 고래를 사냥하는 모습이기도 하고, 고래가 해양 문화에서 신앙의 중심적인 역할을 했음을 추정해 보게 한다. 성공적인 수렵과 생존을 기원함과 동시에 고래와의 친밀감과 교감을 표현하고, 고래의 힘과 지혜를 얻고자 하는 의미가 있었을 것이다.

반구대 암각화(신석기 ~ 청동기 시대)

선사시대 사람들이 그린 이 그림들에는 그들이 사냥 경험을 통해 얻은 동물에 대한 모든 지식이 담겨 있어서 마치 사냥 지침을 담은 그 시대의 문자이자 글처럼 보인다. 무엇보다 우리는 정교하고 사실적인 그림을 보며 경이로움을 느끼지 않을 수 없다. 원시시대에 제작된 그림이 19세기 후반 자연주의 그림에 견주어도 손색이 없을 정도이다. 하지만 그림의 사실성은 한편으로는 그들이 아직 생각하는 능력이 부족했음을 보여준다. 그들은 사물과 현상의 본질을 파악하기보다는 그저 눈에 보이는 대로 재현하는 능력만 있을 뿐이었다.

생각한다는 것은 추상적 사고 능력이다. 눈에 보이지 않는 어떤 원리, 법칙, 질서를 이해한다는 것이다. 그럼 인류는 언제부터 추상적 사고를 하게 되었을까?

구석기 시대 사람들은 어로와 수렵·채취를 하며 떠돌아다니는 힘든 여정을 겪었다. 그러다 신석기 시대가 도래하면서 인류는 목축과 농경을 시작하여 한곳에 정착하게 되었고, 그 전 시대에 비해 안정적이고 여유로운 생활을 누릴 수 있었다. 그런데 농경은 추상적인 사고 능력이 필요한 활동이었다. 드디어 사람들은 사계절이라는 시간 개념을 발견했는데, 농경을 수행하면서 봄, 여름, 가을, 겨울과 같은 시간적 변화의 질서를 알게 된 것이다. 그 이전에는 눈, 비, 더위, 추위, 서리, 가뭄, 우박, 태풍, 홍수 등의 자연현상은 혼란스러움이었을 것이다. 하지만 사계절이라는 추상적 개념을 통해 이러한 현상에 일정한 질서를 부여할 수 있었다. 그리고 봄에는 씨앗을 뿌리고, 여름에는 많은 햇빛과 비로 식물을 키우고, 가을에는 수확하며, 겨울에는 추운 날씨에 대비해 곡식을 저장하고 쉬는 삶의 질서를 세우게 되었다.

추상적 사고 능력은 자연현상에 대한 이해뿐만 아니라 사회와 문화의 발전을 이끌었다. 신석기 시대 사람들은 그림과 기호를 사용하여 정보를 기록하고 소통하기 시작했다. 또 목축과 농경을 통해 생활이 안정되면서, 사람들은 더 많은 시간과 자원을 예술, 과학, 철학 등의 분야에 투자할 수 있었다. 이 시대에 이르러 수학과 기하학도 생겨났는데 예를 들어, 농경지를 측정하고 수확량을 계산하는 일이 늘어나면서 수학이 발전하고, 농경을 위해 지리학적 특징을 이해하고 지형을 파악하는 과정에서 기하학이 발전하게 된 경우가 그렇다.

농경인들은 그 이전의 수렵·채집인들과는 다른 방식으로 표현하기 시작했다. '보이는 대로'가 아니라 '보고 싶은 대로' 또는 '아는 대로' 추상화된 그림과 부호가 등장하게 된 것이다. 추상화는 사물을 개별적인 상태로만 보지 않고 여러 사물이 가지고 있는 공통적인 의미를 생각하는 데서 나온다. 이는 사물의 '본성'이나 '본질'에 관한 생각을 가능하게 해주고 사물의 배후 원리가 무엇인지 물을 수 있는 길을 열어준다. 이로써 인간은 만물의 영장으로 자신의 위치를 상승시키고 그 능력을 더욱 확장하게 되었다.

인류 문명에서 최초의 추상적 사유를 엿볼 수 있는 것은 하늘, 땅, 우레, 바람, 물, 불, 산, 연못을 상징하는 부호로 만들어진 〈주역〉의 팔괘(八卦)일 것이다. 중국의 역사가 어로, 수렵, 목축, 농경 등의 단계를 거쳐 시작되었다는 것은 모두 인정하는 바이다. 주역의 팔괘는 기원전 4700년경 중국의 전설 속 왕인 복희씨가 목축시대를 열면서 만들었다고 한다. 또 복희씨 이후 신농씨는 농경과 교역의 사회를 열었다고 한다. 복희씨 이전의 사람들은 야생동물을 추격하며 말 그대로 "배고프면 먹을 것을 구하고 배부르면 남는 것을 버린다."라는 생물학적 본능으로 아주 불안정한 생활을 했다. 그러다 복희씨가 그물을 만들어 사냥과 어업을 하게 하고, 목축을 가르치면서 사람들의 생활도 처음으로 안정된 단계에 진입하게 된다.

그렇다면 복희씨는 어떤 사유의 과정을 통해 팔괘를 만들었을까?

　기원전 4700년경 복희씨의 세계로 시간 여행을 해보자. 하늘을 찌를 뜻한 거대한 수풀이나 황량한 들판에서 사람들이 돌, 나무, 노끈으로 만든 빈약한 도구를 들고 사냥을 하고 있다. 사냥은 허탕 치기 일쑤고 때로는 필요 이상을 얻을 때도 있다. 사냥의 과정에서 동료가 다치거나 죽는 경우도 허다하다. 더 심각한 경우는 폭풍우가 몰아치거나 혹독한 추위와 같은 기상 악화로 사냥에 나갈 수 없어 오랫동안 굶주림에 허덕여야 하는 상황이다.
　이때 성인 복희씨가 나타나 소, 양, 말, 사슴 등의 야생동물을 잡아 길들이고 키우고 번식시켜 식용으로 쓸 방법을 알려준다. 이제 사람들은 혹독한 위험을 무릅쓰고 멀리 나가 사냥하지 않아도 되었다. 그리고 식생활이 어느 정도 보장되어 일상에서 여유를 갖게 되었다. 복희씨는 목축 사회를 연 공로로 각 씨족 부락의 추대를 받아 왕이 된다.

　생계가 어느 정도 해결되자 사람들은 이제 생각하기 시작한다. 자신들에게 가장 위협적이고 예측할 수 없는 날씨의 변화는 어떤 이유 때문인가. 번개와 폭우가 가져오는 불과 물의 재해는 무슨 의미인가. 산과 연못에 숨어 있는 짐승들의 활동은 어떻게 이루어지는가. 그것은 원시인들의 사고를 지배하는 가장 커다란 질문이었을 것이다. 그러나 보잘것없는 능력을 지닌 인간에게는 이러한 자연현상은 늘 불가사의였다.
　성인 복희씨는 세상을 이롭게 하는 길이 자연현상을 이해하는 것이라 여기며 하늘의 천문을 살피고 땅의 모습을 살피기 시작하였다. 가까이는 자기의 몸과 멀리는 천지 만물까지 모든 사물을 관찰하였다. 그리고 그는 세상 만물이 천차만별이지만 단지 외적 형태에서 그러할 뿐이라는 것을, 사람을 포함한 모든 사물의 본성에는 어떤 공통점이 있다는 것을 발견하게 된다. 현대의 시각으로 말하자면, 복희씨는 과학자이자 철학자인 셈이다. 복희씨는 일체 만물은 쉬지 않고 변화하고 움직이기 때문에 만물의 공통된 본성은 '움직임(動)'이라는 것을 인식하게 된다.

복희씨는 만물이 변화하고 움직이는 배후에 어떤 힘이 있다고 보았는데 그 힘은 바로 양과 음의 힘이라고 했다. '배후'를 인식하는 것, 그것은 추상적 사유이다. 복희씨의 추상적 사유에 의하면 사람을 포함한 우주의 만물은 음의 힘과 양의 힘이 상호작용한 결과이다. 여기에서 음은 부정적이고 수동적인 여성적 원리이고, 양은 긍정적이고 능동적인 남성적 원리이다. 우주의 모든 것은 이 두 가지 힘의 원리나 요소 중 하나에 해당한다는 것이다. 예를 들어 양은 하늘, 태양, 아버지, 남자, 빛, 낮, 존경, 고귀함, 행복을 대변한다. 반면에 음은 지구, 달, 어머니, 여자, 어둠, 밤, 겸손함, 비천함, 불행을 대변한다. 여자와 남자가 아이를 만드는 것처럼 우주의 모든 것들은 음과 양의 역동적인 관계의 결과라고 생각한 것이다.

음과 양은 서로 정반대인 것처럼 보이지만, 실제로는 조화를 이루고 있다. 어느 한 원칙으로 고정되지 않기 때문에, 그들은 영원한 변화의 상태에 있다. 따라서 낮(양)은 밤(음)이 되고, 맑은 날(양)은 흐린 날(음)이 된다. 남자는 여자에 대해 양이지만, 부모에 대해 음이다. 마찬가지로 여자는 남자에 대해 음이지만, 자식에 대해 양이다. 또 양은 물건의 앞면을 대표하고, 음은 물건의 뒷면을 대표한다고 하지만, 중간(앞도 아니고 뒤도 아닌)은 음이거나 양일 수 있다. 분명히, 음과 양의 관계는 엄격한 대립이 아니라 지속적인 변화의 관계이다.

복희씨는 음과 양을 두 가지 부호로 표현했는데 음은 --, 양은 ―이다. 우주의 모든 것들이 음과 양에 의해 창조되는 것처럼, 팔괘는 이 기본 부호에서 파생된다. 〈주역〉에서는 이 기본 부호를 효(爻)라고 하고, 팔괘는 효의 세 가지 형태를 조합해 여덟 개로 만들어 낸 것이다. 복희씨가 효를 세 가지 형태로 만든 이유는 우주 만물의 천차만별은 그것들이 가지고 있는 음양의 성정의 많고 적음과 쉼 없는 변동에서 연유한다고 보았기 때문이다. 홀수인 '3'은 음양의 평형을 이루지 않고, 자연히 두 성정의 많고, 적고, 다하고, 자라는 형세를 뚜렷하게 드러내는 만물의 변화하는 본성을 표현한다.

복희씨는 팔괘(八卦)를 여덟 개의 상으로 그렸는데, 그것은 ☰, ☱, ☲, ☳, ☴, ☵, ☶, ☷이다. 괘(掛)는 '걸다'라는 뜻으로 여덟 개의 상을 매달아 사람에게 보이게 한다는 의미로 팔괘라고 한다. 복희씨는 세상의 이치를 살피고 모양을 본 따고, 사물의 마땅함을 본 따 모두가 알아볼 수 있도록 팔괘상(八卦象)으로 만들었다고 한다. 이 팔괘가 상징하는 사물은 하늘, 땅, 우레, 바람, 물, 불, 산 연못이다. 팔괘의 상징 사물이 주로 자연현상인 이유는 당시 인간에게 가장 중요한 것이었기 때문일 것이다. 그리고 각 괘는 건(乾)·곤(坤)·진(震)·손(巽)·감(坎)·이(離)·간(艮)·태(兌)라는 괘명을 가지고 있고, 아래 표와 같이 가족 구성원, 방위, 동물, 신체와 연결하고 있다.

팔괘상	자연현상	팔괘명	성정	가족	방위	동물	신체
☰	하늘(天)	건(乾)	굳셈(健)	아버지	서북	말	머리
☷	땅(地)	곤(坤)	순함 따름(順)	어머니	서남	소	배
☳	우레(雷)	진(震)	움직임(動)	장남	동	용	발
☴	바람(風) (목) 나무	손(巽)	들어감(入)	장녀	동남	닭	넓적다리
☵	물(水) (雨) 비	감(坎)	험난함 빠짐(陷) 은택(진리) 아래로 내려감	중남	북	돼지	귀
☲	불(火) (日) 해	이(離)	빛남(麗) 위로 올라감	중녀	남	꿩	눈
☶	산(山)	간(艮)	머무름(止)	소남	동북	개	손
☱	연못(澤)	태(兌)	기쁨(悅)	소녀	서	양	입

역사학자 고회민(高懷民)은 복희씨의 팔괘를 다음과 같이 해석한다.

☰(하늘, 天): 우주 만물을 움직이는 큰 작용을 의미하는데, 그 작용 결과는 해와 달이 떠오르고, 초목이 번창하고 사람과 동물이 생장하는 등의 현상에 나타난다. 이것이 하늘을 향하여 전진하는 모양이기 때문에 ☰으로 하늘을 상징하였다.

☷(땅, 地): ☰(하늘, 天)에 이어서 생긴 반작용이다. 이 작용 결과는 해와 달이 떠올라 중천에 오르자 곧 지기 시작하는 것과 동식물이 생장하여 번성하자 곧 시들고 늙기 시작하는 것에 나타난다. 이것은 땅을 향하여 내려가고 물러서는 모양이므로 ☷으로 땅을 상징하였다.

☳(우레, 雷): 봄에 우레가 울리면 겨울잠을 자던 동물들이 땅속에서 일어난다. 2월 '경칩'이라는 절기의 명칭도 여기서 나온 것이다. ☳(우레, 雷)에서 위의 ⚏는 ☷인 땅의 생략이며 아래의 ━은 움직이는 상으로 땅속에서 움직이기 때문에 이것으로써 우레를 상징하였다.

☴(바람, 巽): 바람은 흔적이 없이 불어와 공중에 있는 구름과 안개를 이동시키며 나뭇가지 끝의 잎사귀를 흔들어 그 자취를 드러낸다. ☴(바람, 巽)에서 위 ⚌는 ☰하늘의 생략이며, 아래의 ⚋는 움직이는 상으로 하늘 아래 즉 땅 위의 공중에서 움직이기 때문에 이것으로써 바람을 상징하였다.

☵(물, 坎): 물은 땅속으로 흐른다. 복희씨의 활동 지역은 회수와 하수의 평원 지역이었는데 물은 모두 땅 밑 깊이로 흘러들러 간다. ☵(물, 坎)의 위와 아래는 땅인 ☷의 생략이며, 가운데 ━이 움직이는 상이다. 땅속에서 움직이기 때문에 이것으로써 물을 상징하였다. 물은 비로써도 표현되고, 그 성정은 아래로 내려감, 위태로움, 험난함, 구덩이에 빠짐, 그리고 하늘의 은택으로 나타낸다. 또 가족의 구성원에서는 중남, 방위는 북쪽, 동물은 돼지, 신체는 귀를 상징하였다.

☲(불, 離): 밝게 빛나는 것은 공중의 해와 달이다. ☲(불, 離)의 위와 아래의 ⚌는 하늘인 ☰의 생략형이며 가운데 ⚋이 움직이는 상이다. 해와 달은 하늘에서 움직임으로 이것으로써 불을 상징하였다.

☶(산, 艮): 산은 지면보다 높다. 우뚝우뚝 치솟은 봉우리들이 서로 높음을 드러낸다. ☶(산, 艮)의 아래 ⚏는 ☷인 땅의 생략형이며, 위의 ━이

움직이는 상이다. 땅 위에서 움직이므로 이것으로써 산을 상징하였다.

☱(연못, 澤): 못은 물이 땅 표면에 드러나 있는 것이다. 하늘에 있는 여러 형상이 물속에 비추기 때문에 연못가에서 서서 물속을 들여다보면 구름·하늘·달 등의 그림자가 보인다. ☱(연못, 澤)괘의 아래 ⚌는 하늘인 ☰의 생략형이고, 위의 --이 움직임을 나타낸다. 하늘 위에서 움직이므로 연못을 상징하였다.

팔괘는 각 괘에서 상징하는 덕성이 서로의 관계에서 작용하는 힘도 있다. 〈주역〉「설괘전」 4장에는 "우레로서 움직이고, 바람으로 흩트리고, 비로써 적시고, 해로서 말리고, 간(艮)으로 그치고, 태(兌)로써 기뻐하고, 건(乾)으로 주장하고, 곤(坤)으로써 감춘다."라는 문장이 나오는데 이는 건곤과 팔괘의 조화와 성장을 설명한 것이다. 이는 천지(天地)·산택(山澤)·뇌풍(雷風)·수화(水火)가 서로 조화되어 이루어질 작용을 사물에 비유하여 상징적으로 표현한 것이다.

역사에서는 복희씨 이후 기원전 2400년 황제의 사관이었던 창힐이 처음으로 문자를 만들었다고 전해진다. 짐승의 발자국을 보고서 그 문양의 차이에 따라 짐승을 구별할 수 있겠다는 생각에서 만들었다고 한다. 그러나 문자가 만들어지기 전에도 팔괘는 각 괘가 상징하는 의미로 어느 정도 문자의 기능을 하였음을 짐작해 볼 수 있다. 하지만 팔괘와 문자는 그 형성과정과 기능이 전혀 다르다. 팔괘는 천지 만물의 이치를 추상적 사유로 집약하여 그 상(象)을 부호로 만든 것이지만, 문자는 짐승의 발자국처럼 제각각 다른 사물의 형상을 구체적으로 표현하는 방식으로 만들었기 때문이다.

  복희씨 이후 3500년이 흘러 주나라 문왕은 팔괘를 위와 아래로 중첩하여 64괘의 새로운 부호를 만들었다. 팔괘는 3개의 효로 이루어져 삼효 단괘(單卦)라 하고, 64괘는 팔괘의 삼효 단괘가 중첩되어 6개의 효로 이루어져 육효 중괘(中卦)라 불린다. 그리고 팔괘를 중첩할 때 위에 위치하는 괘를 상괘, 아래에 위치하는 괘를 하괘하고 한다. 각 64괘는 팔괘명처럼 각 괘가 상징하는 괘명을 가지고 있는데, 아래의 표는 64괘 중에서 ☵(물, 坎)에 관련된 15개 괘로서, 첫 번째 줄은 팔괘 중 ☵(물, 坎)이 아래에 위치하고 다른 괘가 위에 위치하는 괘이고, 두 번째 줄은 ☵(물, 坎)이 위에 위치하고 팔괘의 다른 괘가 아래에 위치하는 괘이다. 복희씨의 팔괘는 자연현상을 상징하나, 문왕의 64괘는 인간의 일을 상징하는 것으로 변화되었고, 64괘는 각 괘의 괘사(卦辭)와 효사(爻辭)를 지어 괘가 무엇을 상징하는가를 설명하고 있다.

괘명	산수몽 (山水蒙)	천수송 (天水訟)	지수사 (地水師)	뇌수해 (雷水解)	택수곤 (澤水困)	풍수환 (風水渙)	수화기제 (水火旣濟)	중수감 (重水坎)
육효중괘 하괘 수 (下卦 水)								
괘명	수산건 (水山蹇)	수천수 (水天需)	수지비 (水地比)	수뢰둔 (水雷屯)	수택절 (水澤節)	수풍정 (水風鼎)	화수미제 (火水未濟)	중수감 (重水坎)
육효중괘 상괘 수 (上卦 水)								

64괘 중 물과 관련된 것은 총 15괘인데, 물에 대한 인문학을 탐구하는 입장에서 더욱 관심이 가는 대목이 아닐 수 없다. 몇 가지 예를 들어보면 다음과 같다.

☰☵(천수송, 天水訟)은 하늘은 위에 있고 물은 아래에 있는 송괘(訟卦)이다. 송(訟)은 '송사하다'로 다툰다는 의미다. 천수송괘는 하늘은 위로 올라가고 물은 아래로 흘러 하늘과 물이 서로 가는 방향과 뜻이 달라 다툰다는 이야기를 하고 있다.

☵☰(수천수, 水天需)는 물이 하늘 위에 있는 상으로 수괘(需卦)이다. 수(需)는 '기다린다'라는 의미를 가지고 있다. 수천수괘는 하늘 위에 있는 비, 하늘의 은택을 어디에서 기다려야 하는가를 말하고 있다.

☵☵(중수감, 重水坎)은 위도 물이요 아래도 물이 있는 상으로 감괘(坎卦)이다. 감(坎)은 '구덩이' 또는 '험난하다'라는 뜻이다. 중수감괘는 위도 구덩이고 아래도 구덩이가 거듭하여 빠질 수 있는 상황 혹은 건너가기 어려운 강이 겹쳐있는 험난한 상황을 말한다.

이렇게 〈주역〉에서 물은 물 이상의 의미를 표현하고 있다. 하늘의 은택(진리)이자 아래로 내려감을 상징하고 있기도 하고, 험난함, 위태로움을 상징하기도 한다. 고대인들에게 물은 삶의 환경으로서 자연이기도 했지만, 그것과 조화를 이루고 때로는 그것을 극복하면서 얻은 삶의 지혜이기도 했다. 〈주역〉은 4700년 전 인류가 성취한 눈부신 추상적 사고 능력이다.

2-2

물과 우레의 가르침

물과 우레의 가르침

〈주역〉은 어떤 책인가

　기존 지식과 경험으로 해결할 수 없는 미지 세계에 직면하게 될 때면 누구라도 두려움을 느낀다. 다행히 AI 시대를 사는 우리는 다양한 정보와 과학 기술을 활용하여 날씨, 교통, 건강 등 일상적인 미지의 문제들을 쉽게 해결하지만, 그런 기술이 없었던 고대의 사람들은 어땠을까? 그들에게도 나름의 해결책이 있었으니 점을 쳐서 신의 뜻을 알아보는 것이다. 중국 고대 은나라에서는 거북의 등껍질이나 소의 견갑골에 구멍을 내고 불에 달궈 드러나는 균열의 모양으로 나라의 제사, 군사, 혼인, 사냥 등 중요한 결정을 했다고 한다. 이 갑골에 의한 점을 복점(卜占)이라고 하는데, 〈주역〉도 원래는 이렇게 점을 치는 책이었다.

〈주역〉에는 64개의 괘가 있고, 각 괘는 6개의 효로 이루어져 총 364개의 효로 구성되어 있다. 괘에는 이름과 상징적인 의미가 있는데 이를 괘명과 괘사라고 한다. 효에도 각각 의미가 있는데 이를 효사라고 한다. 〈주역〉의 점술 방법은 서점(筮占)이라고 하며, 50개의 대나무 가지를 사용하여 특정한 규칙에 따라 숫자를 계산하고 그 결과로 64괘 중 하나의 괘와 그 안에 있는 하나의 효를 선택하는 방식이다. 그렇게 선택된 괘사와 효사를 통해 길흉화복을 판단한다. 한나라 시대에는 〈주역〉에 음양오행설과 간지설(干支設)이 결합 되어 더욱 복잡한 체계를 갖추었는데, 이것을 상(象)과 수(數)로 점술을 하는 상수학(象數學)이라고 한다.

주역 육십사괘

외괘 내괘	건(☰) 乾(天)	태(☱) 兌(澤)	이(☲) 離(火)	진(☳) 震(雷)	손(☴) 巽(風)	감(☵) 坎(水)	간(☶) 艮(山)	곤(☷) 坤(地)
건(☰) 乾(天)	건* 乾	쾌 夬	대유 大有	대장 大壯	소축 小畜	수 需	대축 大畜	태 泰
태(☱) 兌(澤)	이 履	태* 兌	규 睽	귀매 歸妹	중부 中孚	절 節	손 損	임 臨
이(☲) 離(火)	동인 同人	혁 革	이* 離	풍 豊	가인 家人	기제 旣濟	비 賁	명이 明夷
진(☳) 震(雷)	무망 无妄	수 隨	서합 噬嗑	진* 震	익 益	둔 屯	이 頤	복 復
손(☴) 巽(風)	구 姤	대과 大過	정 鼎	항 恒	손* 巽	정 井	고 蠱	승 升
감(☵) 坎(水)	송 訟	곤 困	미제 未濟	해 解	환 渙	감* 坎	몽 蒙	사 師
간(☶) 艮(山)	둔 遯	함 咸	여 旅	소과 小過	점 漸	건 蹇	간* 艮	겸 謙
곤(☷) 坤(地)	비 否	췌 萃	진 晉	예 豫	관 觀	비 比	박 剝	곤* 坤

* 하늘, 연못, 불, 우레, 바람, 물, 산, 땅이 중첩되는 괘

서주(西周) 시대가 끝나고 춘추 전국시대가 시작되면서 신의 뜻에 의존하는 것에서 인간이 스스로 사고하고 판단하는 시대로 바뀌었다. 길흉화복은 신의 섭리가 아니라 인간의 행위와 책임에 달려 있다고 인식하게 된 것이다. 이에 〈주역〉도 점술책에서 철학적 사상을 담은 경전으로 발전하였다. 〈주역〉에서 이야기하는 우주와 인생의 변화 법칙이 인간 삶의 지침이 되어, 자연과 인간의 조화, 즉 天人合一의 이상을 제시한다. 이렇게 해석되는 〈주역〉을 의리학(義理學)이라고 하며, 사서삼경 중 하나인 역경(易經)으로 성립되어 유교의 주요 경전이 되었다. 〈주역〉은 군자를 양성하고, 소인들을 계몽하는 실천철학으로 성장하였는데, 이를 두고 옛사람들은 마음을 정화하는 경전, '세심경(洗心經)'이라고 부르기도 했다.

〈주역〉의 핵심 개념은 간역(簡易), 변역(變易), 불역(不易)이다. 간역은 우주 만물의 법칙이 단순하고 명료하다는 뜻이고, 변역은 우주 만물이 끊임없이 변화하여 새로워진다는 뜻이며, 불역은 그 법칙이 영원히 변하지 않는다는 뜻이다. 이 세 가지 개념은 〈주역〉의 철학적 사상과 인간학의 근본을 이룬다. 또 〈주역〉을 해석하는 방법은 관계론이라고 할 수 있다. 〈주역〉의 64괘는 각각 하늘, 땅, 우레, 바람, 물, 불, 산, 연못을 상징하는 팔괘의 3개 효가 겹쳐서 육효로 구성된다. 팔괘가 상하로 조합되어 64개의 형상을 만드는데, 이를 괘상(卦象)이라고 하며, 팔괘의 상징들이 어떤 관계를 맺는지를 나타낸다. 이 괘상의 의미를 공자가 풀이한 것을 대상사(大象辭)라고 한다.

육효는 나무가 커가는 모양을 본떴기에 아래에서 위로 올라가며 효를 그리고 순서대로 읽는다. 육효에서 아래 3획의 괘를 하괘(下卦) 또는 내괘(內卦)라고 하고, 위 3획의 괘를 상괘(上卦) 또는 외괘(外卦)라고 한다. 육효의 각 효의 이름은 아래부터 차례로 초(初), 이(二), 삼(三), 사(四), 오(五), 상(上)이며, 이때 효가 음이면 육(六), 양이면 구(九)를 붙여서 읽는다. 예를 들어, 맨 아래 효가 양이면 초구(初九)라고 하고, 맨 위 효가 음이면 상육(上六)이다. 또 맨 아래 효가 음이고 맨 위 효가 양이면 초육(初六)과 상구(上九)라고 한다. 이효부터 오효까지는 음양에 따라 육이·구이, 육삼·구삼, 육사·구사, 육오·구오 등으로 부르는 방식이다.

〈주역〉은 괘의 이름을 나타내는 괘사와 괘상을 풀이하는 대상사가 있다. 또 육효의 관계를 해석하는 방법으로 위(位), 비(比), 응(應), 중(中)을 사용한다. 육효의 각 효에는 이들 관계에 따른 의미가 있는데, 이를 소상사라고 한다. 〈주역〉은 괘의 상하 관계와 육효의 관계를 통해 자연의 변화처럼 인생도 때에 따라 마땅히 변화해야 한다는 진리를 말해주고 있다.

효의 상호 관계에서 위(位)란 효가 위치하는 자리를 뜻한다. 괘는 6개의 효로 구성되어 있으며, 각 효는 양효(—)와 음효(--)의 자리로 나뉜다. 양효는 초효, 삼효, 오효에 위치하고, 음효는 이효, 사효, 상효에 위치해야 바른 자리이다. 즉, 양효가 양자리에, 음효가 음자리에 있으면 정위(正位)이고, 그렇지 않으면 부정위(不正位)인 것이다. 정위는 길한 자리이고, 부정위는 흉한 자리이다. 인생사에서 위(位)란 연령대와 지위와도 관련이 있는데, 태어나서 성장하는 과정과 사회적 지위에 따라 행동하고 주의해야 할 상황에 대해 효사가 경계의 말을 알려준다.

괘의 3효 단계명칭	위(位) 명칭	음양의 정 위	中의 자리	위별 연령	위별 지위
상괘(上卦) 외괘(外卦)	상(上)	음(陰)		60대	국사
	오(五)	양(陽)	득중	50대	임금, 성인
	사(四)	음(陰)		40대	고급관리(대신)
하괘(下卦) 내괘(內卦)	삼(三)	양(陽)		30대	제후
	이(二)	음(陰)	득중	20대	초급관리, 군자
	초(初)	양(陽)		10대	천민, 백성

비(比)란 효의 관계에서 바로 위나 아래에 있음을 뜻한다. 〈주역〉에서는 음과 양이 만나면 친밀한 관계라고 보는데, 비는 이웃한 효와의 음양이 서로 친한 관계를 말한다. 인간사에서는 부모, 형제, 친구 등 가까운 사람들과의 관계가 비에 해당한다.

응(應)이란 하괘의 초효와 상괘의 사효의 관계, 즉 육효 중에서 첫 번째와 네 번째 효의 음양 관계를 보는 것이다. 초효가 양이고 사효가 음이거나, 초효가 음이고 사효가 양이면 서로 응한다고 말할 수 있다. 이 같은 방식으로 이효와 오효, 삼효와 상효가 음양으로 관계하고 있는지 본다. 비(比)가 가까운 이웃과의 관계라면, 하괘와 상괘 사이의 응(應)은 넓은 관계를 말한다. 인간사에서는 청년과 중년의 단계나, 친구나 가족보다는 먼 마을이나 사회와의 관계를 응에 비유할 수 있다.

중(中)이란 하괘와 상괘의 가운데 효로 〈주역〉에서는 매우 중요한 것으로 해석하는데 이효와 오효가 이에 해당한다. 중(中)은 우주 만물의 변화 속에서 시간과 공간에 맞는 자연스러움을 말한다. 육효에서는 오효가 정위하고 이효가 응하면 중정(中正)이라고 하여 가장 좋은 상태로 평가한다..

앞에서 말했듯이, 〈주역〉은 상괘와 하괘의 관계와 효의 위, 비, 응, 중의 관계를 통해 해석하는 관계론이다. 이런 관계 중 물과 관련된 것들도 있는데, 여기에서는 물과 우레의 만남을 살펴보고, 그 관계의 해석이 우리에게 주는 삶의 교훈과 지침을 생각해 보고자 한다. 수뢰둔괘(水雷屯卦)와 뇌수해괘(雷水解卦)가 바로 그것이다.

물이 위에 있고 우레가 아래에 있는 수뢰둔(水雷屯)괘

상괘(上卦) 외괘(外卦)	물(水):☵ 험난함		상육(上六)	-
			구오(九五)	中과 성인의 자리
			육사(六四)	-
하괘(下卦) 내괘(內卦)	우레(雷):☳ 움직임		육삼(六三)	-
			육이(六二)	中과 군자의 자리
			초구(初九)	-

수뢰둔(水雷屯)괘

수뢰둔(水雷屯)괘는 팔괘 중 물(☵)이 위에 있고 우레(☳)가 아래에 있는 모습이다. 여기에서 물은 험난하고 위험한 것을 상징하고, 우레는 움직이고 활동하는 것을 상징한다. 이는 험난한 위를 향해 아래에서 힘겹게 움직이는 상이다. 〈주역〉에서는 이런 상황을 둔(屯)이라고 하기에 괘명은 수뢰둔(水雷屯)괘가 된다. 둔(屯)은 어떤 일을 시작할 때 겪는 고난이라는 뜻이다. 둔(屯)자를 보면 새싹(屮)이 땅(一)을 뚫고 나오는 모양(一+屮=屯)으로 '어려울 둔'으로 읽는다. 땅을 뚫고 나오면서 꼬부라진 모양이 된 것을 표현한 것이다. 연약한 새싹이 언 땅을 뚫고 세상에 나오려면 얼마나 힘겹겠는가. 그래서 수뢰둔괘는 알을 깨고 세상에 나오려는 태어남의 고통, 창조의 고통을 뜻한다.

생명 탄생의 고통

〈주역〉의 팔괘는 방위나 계절과도 관련이 있다. 물(☵)은 북쪽이고 겨울의 강한 기운을 가지고 있으며, 우레(☳)는 동쪽이고 봄의 활발한 기운을 가지고 있다. 그래서 수뢰둔괘는 상괘가 겨울이고 하괘가 봄인 상이다. 이는 땅 속의 씨앗이 싹을 틔우려는데 아직 겨울이 위에 있는 어려운 상황을 의미한다. 또 수뢰둔괘는 64괘에서 첫 번째 괘인 중천건괘(䷀)와 두 번째 괘인 중지곤괘(䷁) 다음에 오는 세 번째 괘이다. 중천건은 양의 하늘을, 중지곤은 음의 땅을 나타낸다. 혼돈 속에서 하늘과 땅이 만나고, 그 사이에서 새로운 생명이 창조되는데 그것이 수뢰둔이다. 영화나 소설에서 새로운 세상이 시작되거나, 새로운 생명이 탄생할 때 캄캄한 어둠 사이로 천둥과 비가 내리치는 장면이 흔하게 등장하는데, 수뢰둔괘는 마치 그런 모습을 연상시킨다. 그만큼 생명의 탄생과 창조에는 고통이 따른다는 것을 보여준다.

수뢰둔괘가 표현하고 있는 고통은 물의 상황 때문이다. 수뢰둔괘에서 물은 하늘의 구름으로만 머물고 비가 되지 못하고 있다. 우레는 이 구름에 갇혀 빈 천둥만 울리고 있을 뿐이다. 세상에 나오려는 생명에게는 가뭄과 소리만 요란한 천둥은 고난 그 자체이다.

그렇다면 어떻게 이러한 고난을 극복하고 성장할 수 있을까? 공자는 〈주역〉의 괘상을 보고 실천해야 할 삶의 덕목을 대상사로 가르친다. 수뢰둔괘의 대상사는 "구름이 위에 있고 우레가 아래에 있는 둔괘의 덕성을 본받아 일을 계획하고 구상해야 한다."라고 말한다. 해와 달이 변함없이 뜨고 지고, 사계절이 순환을 멈추지 않는 것은 하늘의 법칙과 질서이다. 구름이 비를 내리지 못하는 것은 그 법칙이 지켜지지 않는 것으로 고난이 올 수밖에 없다. 인간사도 마찬가지이다. 하늘의 법칙에 따른 바른 행동을 하지 않고, 자신의 치우친 생각과 편견에 얽매이면 구름에 갇힌 우레가 된다. 군자는 이를 교훈 삼아 날줄과 씨줄로 옷감을 짜듯이 세상의 문물제도를 잘 정비하고 구상하여, 일을 시작할 때의 어려움을 극복하라고 한다.

  수뢰둔괘의 괘사는 "하늘과 땅이 만나 새로운 생명이 탄생에서 겪어야 할 둔(屯)은 크게 형통하고 바르게 함이 이로우니, 가는 바를 두지 말고 제후를 세움이 이로우니라."라고 한다. 여기에서 '크게 형통하고 바르게 하라'라는 말은 창조를 위해서는 기존의 낡은 가치관을 깨야 한다는 뜻이고, '지도자를 세우라'는 말은 자신의 편견과 고정관념을 극복할 수 있는 멘토가 필요하다는 뜻이다. 또 처음 일을 시작할 때 열정이 지나치게 넘친다면 미래가 불확실해질 수 있기에 경솔하게 행동하지 말고 능력과 품성을 갖춘 사람을 따르고 배워야 한다는 조언이다.

  그렇다면 수뢰둔괘의 육효는 어떤 모습일까? 육효의 위, 비, 응, 중의 관계를 통해 고난 극복의 지혜를 말하는 육효사를 살펴보자. 초효는 양효(━)이므로 초구라고 부른다. 초구는 새로운 일이라는 어려움에 직면할 때 필요한 지혜의 첫 단계이다. 인간의 나이로 비유하면 십 대의 시기라고 할 수 있다. 육효의 관계 속에서 초구는 양이 양자리에 있어 정위하고, 육이와 친한 비(比)의 관계이며, 상괘의 육사와 음양이 맞는 응(應)의 관계를 맺고 있다. 이는 중(中)을 얻지 못한 것을 제외하면 좋은 상황이다. 그래서 초구 효사는 "머뭇거림이니, 바름에 거함이 이로우며 제후를 세움이 이로우리다."라고 한다. 이 말은 초구가 험난한 세상에 부딪혀 머뭇거리지만 바른 뜻을 갖고 겸손하게 살면 결국 민심을 얻어 고난을 해결할 수 있다는 의미이다. 이 효사를 우리의 삶에 적용해보면 새로운 일을 시작할 때 매사에 세심해야 하고, 사업가는 바른 뜻으로 거래처를 만들고, 정치인은 몸을 낮춰 민심을 얻어야 한다는 것으로 읽을 수 있을 것이다. 또 십 대의 나이에는 열정적으로 나아가려 하지만 앞날이 불확실할 수 있으므로, 경솔하게 생각하지 말고 도움이 될 수 있는 멘토를 세워 바른 뜻을 지키라는 것이기도 하다.

　육이는 음효(--)가 음자리에 정위하고, 중(中)을 얻은 좋은 여건을 가지고 있다. 또 군자의 자리이며, 성인의 자리인 구오와 응(應)하는 관계이다. 육이 효사는 "어렵고 걷기 어려우면 말을 탔다가 내리니, 도적이 아니면 청혼하리니 여자가 곧아서 시집가지 않다가 십 년 후에야 시집가도다."라고 한다. 이 말은 육이가 멀리 있는 구오를 정혼자로 삼고 있는데 가까운 초구와의 만남으로 고생하다가 결국 바른길로 돌아와 십 년 후에 구오와 결혼한다는 뜻이다. 이는 고난의 시기에도 먼 미래를 바라보고 확고한 정신을 지키면 길하다는 의미의 은유이다.

　육삼은 음효(--)가 양자리에 있어 부정위하고, 중(中)이 지나쳐 자기 생각이 강하고 중용을 벗어난 교만한 자리이다. 고난의 시기가 계속되고 있다는 것이다. 육삼 효사는 "사슴을 쫓음에 몰이꾼이 없음이라. 오직 숲속으로 들어감이니, 군자가 기미를 보아 그치는 것만 못하니, 가면 인색하니라."라고 한다. 이 말은 사슴이라는 물욕에 빠져 몰이꾼도 없이 사슴만 잡으려 하다가는 숲속에서 길을 잃게 된다는 뜻이다. 몰이꾼 없이 사냥에 나가는 것은 능력과 세력도 없이 헛된 명예와 지위를 쫓는 일과 같아서 헛수고일 뿐이다. 그러므로 군자는 그런 기미를 보고 욕심을 멈추어야 한다. 가면 인색하고 곤란해질 것을 알기 때문이다. 이는 도움을 받지 못하고 혼자 미궁에 빠지는 상황이니, 군자는 이런 조짐을 보고 욕심을 버리고 자신을 반성해야 한다는 지혜를 담고 있다.

육사는 초구와 응(應)하여 음양이 조화된다. 이는 부부처럼 한 짝이 되는 관계를 말한다. 육사는 말을 타고 다른 곳으로 가지 않고 백성이 선출한 제후인 초구에게 혼인을 구하려고 한다. 육사 효사는 "말을 탔다가 내리니, 청혼을 구하여 가면 길해서 이롭지 않음이라."라고 한다. 육사가 말을 탔다가 내린다는 의미는 자신의 약점을 안다는 것이고, 이를 자각하여 제후로 세운 초구에게 가는 것이 바른 판단이라는 것이다. 이는 고난을 극복하기 위해서 초구와 같은 인재를 추천해야 한다는 것이기도 하다. 육사는 왕인 구오에게 초구를 제후로 추천하여 고난을 해결하려고 한다. 그러므로 육사는 자신의 기존 가치관을 고집하지 않고, 밝고 겸손하게 행동하는 지혜를 보여준다.

육사는 초구와 응(應)하고 구오와 친한 비(比)인 관계이다. 그래서 고난의 시기를 맞아 신하의 위치에 있는 육사가 왕인 구오에게 초구를 제후로 추천한 것이다. 하늘과 땅이 만나 만물이 탄생하는 과정에서 어려움을 겪는 시기에는 왕은 평민이라도 지혜로운 사람이라면 제후로 삼아 이 어려움을 극복해야 한다. 그만큼 왕이 백성에게 은혜를 베풀기가 힘든 세상이다. 구오 효사는 "은택에 어려움이니, 조금씩 바르면 길하고 크게 바르려고 고집하면 흉하리라."라고 한다. 고난의 시대에는 왕도 어려우므로, 작은 것에 충실하고 바르게 해야 한다. 큰 것을 바르게 하려고 하면 오히려 흉한 결과가 나올 수 있다. 이 말은 고난을 해결하기 위해서는 작은 것부터 시작해 차근차근 큰 것으로 나아가야 한다는 뜻이다.

상육은 초구에서 시작된 어려움이 끝나는 자리이다. 상육 효사는 "말을 탔다고 하니 피눈물이 나는 도다."라고 한다. 이는 어려움에 부딪혀 자신을 돌아보고 잘못을 반성한다는 뜻이다. 즉, 철저한 자기 성찰이 이루어지고 있다는 것이다. 어려움에 맞서 주저하지 말고 하늘의 법칙을 따르고, 자기를 성찰한다면 크고 바른길을 걷게 되고 결국에는 고난을 극복할 수 있다는 가르침을 담고 있다.

수뢰둔괘의 육효는 상황에 따라 자리가 바르지 못한 효도 있고, 교만한 효도 있다. 하지만 각각의 여건에 맞게 고난을 극복하는 방법을 육효사는 말하고 있다. 즉 교만하더라도 피눈물을 흘리며 자기반성을 한다면 고난은 길지 않다고 말한다. 수뢰둔괘가 보여주는 고난은 하늘과 땅이 처음 만나 만물이 탄생하는 과정에서 겪게 되는 고난으로, 다른 말로 하면 성장하기 위한 고난이다. 수뢰둔괘는 우리가 성장하기 위해서는 아집과 편견을 버리고, 자신의 부족함을 보완해줄 수 있는 능력과 덕성이 있는 사람과 함께하라는 가르침을 주고 있다.

우레가 위에 있고 물이 아래에 있는 뇌수해(雷水解)괘

상괘(上卦) 외괘(外卦)	우레(雷):== 움직임		상육(上六)	-
			육오(九五)	中과 성인의 자리
			구사(九四)	-
하괘(下卦) 내괘(內卦)	물(水):== 험난함		육삼(六三)	-
			구이(九二)	中과 군자의 자리
			초육(初九)	-

뇌수해(雷水解)괘

수뢰둔괘가 일을 시작할 때의 어려움과 그 고난을 극복하고 성장하기 위한 지혜를 말하고 있다면, 뇌수해괘는 그 뒤에 오는 축복을 의미하는 괘이다. 수뢰둔(水雷屯)괘의 상태에서 물(==)과 우레(==)의 위치가 바뀌면 뇌수해(雷水解)괘가 된다. 즉 우레가 위에 있고 물이 아래에 있는 모습이다. 뇌수해괘는 구름이 비로 변해서 땅에 내려와 모든 생명의 고통이 풀리는 상태이다. 뇌수해괘의 괘명인 해(解)는 '풀리다'라는 뜻으로, 이 글자는 각(角)에 도(刀)로 우(牛)를 해체하는 모양이다. 해결(解決), 해동(解冬), 해산(解散), 해방(解放) 등의 뜻도 갖는다.

해동되는 물

팔괘의 방위와 계절로 보면, 봄(우레)의 기운이 겨울(물)에서 나오는 상으로, 겨울에 얼었던 것이 해동되어 풀리는 것과 같다. 하지만 뇌수해괘 역시 여전히 험난한 상황이기 때문에 수뢰둔괘에서 상육의 효사처럼 자기반성을 하고 하늘의 법칙을 따라야 한다. 그냥 세월에 맡기고 가만히 있으면 험난함은 해결되지 않는다. 하괘의 물속에 멈추지 않는 어떤 움직임이 있기에 결국에는 그 험난함이 해결된다는 것을 잊지 말아야 한다. 뇌수해괘는 험난함 속에서 움직여 그 맺힌 것을 해결하는 지혜를 가르쳐준다.

공자는 뇌수해괘를 통해 우리가 실천해야 할 것을 대상사로 말한다. 뇌수해괘의 대상사는 "우레와 비가 일어나는 것이 해(解)이니 군자가 본받아서 허물을 용서해 주고 벌을 가볍게 해준다."라고 한다. '우레와 비가 일어나는 것'은 어떤 은유일까? 우레는 하늘의 전기와 땅의 전기가 부딪혀 생기는 천둥소리로, 옛 선비들은 하늘과 땅의 도(道)를 알리는 소리라고 생각했다. 그래서 천둥이 칠 때마다 자신의 의관을 정제하고 성찰의 시간을 가졌다고 한다. 천둥은 하늘의 소리이고 비는 하늘의 은혜이다. 그래서 천둥과 함께 비가 내리면 모든 세상에 하늘의 진리를 깨우고, 모든 대지를 적시어 싹이 나게 하는 것이다. 봄이 되어 해동되면 만물이 살아나듯이, 어려운 상황에서 벗어나면 서로 화합을 이루어야 한다. 사회가 화합하는 기본 방향은 그동안의 허물을 용서하고 죄를 감하는 것이다. 그것이 엄동설한(嚴冬雪寒) 뒤에 오는 따뜻한 봄날의 모습이다.

　뇌수해괘의 괘사는 "해(解)는 서남쪽이 이로우니 갈 바가 없음이라. 다시 되돌아옴이 길하니, 갈 곳이 있으면 빨리 가면 길하리라."라고 한다. 겨울이 지나 봄이 오면 만물이 풀리는 것이 해(解)이다. '서남쪽이 좋다'는 것은 하늘의 도(道)를 따르는 것으로, 서남쪽은 하늘의 법칙을 따르는 친한 사람들이 있는 평지를 은유한 것이다, 그래야 삶을 평화롭고 순조롭게 할 수 있다는 말이다. 또 '갈 곳이 없다'라는 것은 더는 나아갈 필요도 없고, 해결할 일도 없다는 것이다. 모든 것이 풀리고 이루어져서 기뻐할 수밖에 없는 상황으로 모든 것이 완성되었음을 뜻하기도 한다. 그리고 '다시 돌아오는 것'은 군자의 도로 돌아오는 것이고, '갈 곳이 있으면 빨리 가는 것'은 해결해야 할 일이 있으면 미루지 말고 빨리하는 것이 길하다는 것이다.

 이렇게 뇌수해괘는 모든 어려움이 풀리는 괘이다. 하지만 하늘의 법칙과 진리를 따를 때만 그러하다. 만약 여전히 우리의 고정된 생각과 가치관에만 매달려 있다면 다시 수뢰둔괘로 돌아가 더 힘들어질 수 있다. 뇌수해괘는 세상의 어려움은 결국 끝이 있다는 희망을 준다. 단 해결되기만을 마냥 기다리는 게 아니라, 하늘의 진리를 믿고 해와 달이 뜨고 사계절이 순환하는 것처럼 끊임없이 움직여야 한다. 뇌수해괘는 움직임으로 극복하는 지혜를 우리에게 가르쳐준다.

 뇌수해괘의 육효사는 움직임으로 험난한 상황을 해결하는 방법을 각 효의 관계에 따라 가르쳐준다. 초육은 극복을 위한 첫 단계로, 양자리에 음이 있어 부정위이지만, 구이와 친한 비(比)의 관계이고, 구사와 응(應)하는 짝이다. 초육 효사는 "허물이 없다."라고 한다. 초육은 부정위일 뿐만 아니라, 나이도 어려서 공부와 수양이 필요하다. 그러나 초육은 비록 유약한 음이지만 강한 양인 군자(〈주역〉에서 양은 군자, 음은 소인으로 구분)와 짝을 이루어 바른 뜻을 가진다. 구이와 구사의 관계 때문이다. 이는 소인이 군자 두 사람과 사귀는 것으로, 순종하는 마음으로 이웃인 구이의 지도를 받고, 짝인 구사의 지도를 받는 것이다. 부정위의 안 좋은 여건에서도 이렇게 바르게 움직이기 때문에 초육은 허물이 없다고 할 수 있다.

 구이는 초육과 육삼과 친한 이웃이고, 자리는 바르지 않지만, 중(中)을 얻었다. 또 육오와는 응(應)하는 관계이다. 구이 효사는 "사냥을 해서 세 마리의 여우를 잡아 누런 화살을 얻으니, 마음을 언제나 바르게 해서 길하도다."라고 한다. 고대에 사냥은 해로운 것을 제거하는 의미였다. 세 마리의 여우는 육오를 제외한 세 음효를 말하고, 이 세 음효는 소인이다. 군자는 적절한 곧음으로 교활한 여우와 같은 소인을 제거하고 길함을 얻어야 한다. 그러나 지나치게 곧기만 하여 융통성이 없으면 중용의 도를 벗어나 나쁜 결과를 초래할 수 있는데, 세 마리 여우를 잡는다는 것은 군자가 취해야 할 중용의 도, 즉 중도(中道)를 의미하는 것으로 군자는 이 중도로써 사악한 것을 제거할 수 있다.

육삼은 양자리에 음이 들어와서 좋지 않은 자리다. 아래에 있는 구이와 친하게 지낼 수 있지만, 구이의 중(中)을 지나친 자리라, 중용을 잃어버리고 남의 충고를 듣지 않은 불운한 자리라고 할 수 있다. 육삼 효사는 "짐을 지고 걸어야 할 자가 격에 어울리지 않게 마차를 타고 감이라. 이는 도적이 오도록 하니 바르게 하더라도 인색함이라."라고 말한다. 짐을 지고 걷는 것은 소인의 일이고, 마차를 타는 것은 군자의 일이다. 음인 육삼은 소인임에도 마차를 타버렸다. 이렇게 욕심을 부려 결국에는 자신을 해치는 도둑과 마주치게 되는 상황을 자초한 것이다. 제 분수를 지키지 못하면 큰 화가 닥친다는 가르침이다.

구사는 음의 약한 왕인 육오를 도와주는 신하의 위치인데, 음 위치에 양이 자리하여 좋지 않은 위치이다. 구사 효사는 "너의 엄지발가락을 풀면 벗이 이르러 이에 믿을 것이다."라고 말한다. 자신부터 반성하고 바로잡은 다음에 상응 관계인 초육의 백성과 친하게 지내며 왕을 도와주어야 한다는 뜻이다. 얼굴만 조금 풀고서 몸을 풀었다고 말할 수 없다. 발가락부터 시작해서 온몸이 다 풀려야 진짜로 풀린 것이다. 구사가 보기에 짝이 되어 백성의 위치에 있는 초육은 엄지발가락에 해당한다. 엄지발가락을 푼다는 것은 백성을 풀어줘야 한다는 것으로 백성 모두가 화목해져야 한다는 의미이다. 즉, 사회악으로 인해 어지러운 세상을 다스리는 고위관료는 우선 자신의 잘못부터 고쳐야 한다는 것이다. 자신은 잘못하면서 백성들에게만 사회 정화를 주장해봐야 아무도 따르지 않고 일도 잘 안 풀린다는 것이다. 구사의 가르침은 자신의 욕심을 버리고 신뢰로 사귀라는 것이다.

육오는 바르지 못한 자리이지만 성인이 중(中)을 얻은 자리이다. 중(中)은 하늘의 진리를 깨닫고 자연과 조화되어 도에 벗어나지 않는 것이다. 육오 효사는 "군자가 오로지 풀림이 있으면 길하니, 소인에게도 믿음으로 감화시킬 수 있게 한다."라고 말한다. 육오는 하늘의 진리로 고난을 해결할 뿐 아니라, 덕으로 소인을 설득하여 복종하게 하고 원한을 없애줄 수 있다는 말이다.

상육 효사는 "공이 높은 담의 매를 쏘아 잡았으니, 이롭지 않은 곳이 없느니라."라고 한다. 여기에서 매는 '하늘의 천사'를 의미하므로 매를 쏘아 잡았다는 것은 하늘의 천사, 즉 하늘의 진리를 얻어 그동안 해결되지 않았던 문제가 다 풀렸다는 것이다.

뇌수해괘에서 강조하는 것은 힘든 상황에서 변화를 추구하며 움직여야만 그 상황이 풀린다는 것이다. 이는 문제를 적극적으로 해결하려는 태도를 말하는 것이다. 더 나아가 사회적인 문제를 근본적으로 해결하기 위해서는 그 원인이 되는 소인을 제거하되, 가벼운 실수를 용서하고 죄를 사하여 화합을 이루어야 함을 이야기하고 있다. 세상이 복잡하고 땅이 얼었다 하더라도, 세상의 모든 것이 완벽하지 않은 시대일지라도, 하늘의 진리를 믿고 그 진리로 어긋난 것을 바로잡아야 한다고 이야기하고 있다. 이것은 우리가 삶에서 어려움에 부딪혔을 때 어떻게 그 문제를 해결해 나가야 하는가에 대한 가르침을 준다. 정직하고 바른길로 걷는 것만이 최선의 해결책이다.

모든 시작에는 어려움이 따른다. 생명의 탄생과 창조의 순간, 그리고 변화의 과정은 고난과 함께 한다. 하지만 이는 결코 비관할 일이 아니다. 시작의 아픔이 있기에 눈부신 성장이 이루어지는 것이다. 구름이 비가 되어 내리는 것처럼, 편협한 자기 세계에서 벗어나 현명한 인재와 함께 나아간다면 직면한 어려움을 해결할 수 있다. 하늘의 운행과 사계절의 순환과 같은 변화의 진리를 믿고, 자기를 성찰하면서 쉼 없이 움직인다면 험난함을 벗어날 길을 찾을 수 있다.

"새는 알에서 나오기 위해 투쟁한다. 알은 세계이다. 태어나려고 하는 자는 누구든 하나의 세계를 파괴하여야 한다. 새는 신을 향해 날아간다. 그 신의 이름은 아브락사스이다." 헤르만 헤세의 소설 〈데미안〉의 문구이다. 방황하는 싱클레어에게 인생의 멘토이자 조력자였던 데미안은 알을 뚫고 나와 신에게로 날아가는 새 이야기를 전하고, 드디어 싱클레어는 진정한 자아를 찾게 된다. 누구나 내면의 깊은 곳에 '진정한 나'를 품고 있지만, 주변 세계로부터 주입된 고정관념과 편견으로 인해 그것을 찾지 못한 채 '거짓된 나'로 살아간다. 알에서 나오기 위한 투쟁이란 진정한 자아를 찾으려는 욕망과 정신의 성장을 의미한다. 〈주역〉의 수뢰둔괘와 뇌수해괘도 더 높은 고원으로 향하려는 인간 정신의 욕망을 담고 있다. 세상의 관습에 안주하거나, 자신의 편견에 갇히지 않고, 새처럼 나아가 더 높은 수준의 정신세계에 도달하려는 길을 안내하고 있다. 그것이 하늘의 진리이며, 자연과 인간이 조화를 이루는 도(道)라는 옛 성인들의 깨달음이다.

2-3

물과 산의 만남, 요산요수(樂山樂水)

물과 산의 만남, 요산요수(樂山樂水)

 울창한 숲 사이로 흐르는 맑은 계곡물을 보면 누구라도 마음이 상쾌해지고, 평화로워진다. 도시의 번잡함으로 피곤해진 심신이 위로받는 느낌이라고 할까. 그래서인지 우리는 산과 물이 없는 자연의 풍경을 상상하기 힘들다. 그것은 자연의 상징이며, 근원의 이미지이기 때문이다.
 산과 물을 좋아하는 마음을 옛사람들은 '요산요수(樂山樂水)'라고 했다. 공자는 어디로든 자유롭게 흘러가는 물을 지혜로운 사람에, 변함없이 머무르는 산을 어진 덕을 가진 사람에 비유했다. 그리고 이런 산과 물을 즐기면 삶이 풍요로워지고 오래 사는 즐거움을 찾을 수 있다고 말했다. 이는 때로는 물처럼 유연하게 변화하고, 때로는 산처럼 굳게 서서 삶을 조화롭게 이끌어 나가야 한다는 의미로 해석할 수 있다.

공자의 시대보다 훨씬 전에 만들어진 〈주역〉의 팔괘도 물과 산을 언급하고 있다. 팔괘에서 물은 '험난함'을, 산은 '머무름'을 상징한다. 고대인들은 홍수로 넘쳐 흐르는 강을 보며 물을 건널 수 없는 어려움으로 여겼을 것이다. 반면 비가 오나 눈이 오나 사시사철 그 자리에 머물러 있는 산을 보며 마음의 안정을 느꼈을 것이다. 물은 늘 움직여 흐르고, 산은 늘 중후하게 자리를 지킨다. 훗날 공자의 요산요수에서 표현된 동적인 물과 정적인 산은 〈주역〉의 물과 산의 모습과 연결된다. 팔괘 중 물과 산의 만남을 말하고 있는 것이 산수몽(山水蒙)괘와 수산건(水山蹇)괘이다.

산이 위에 있고 물이 아래에 있는 산수몽(山水蒙)괘

상괘(上卦) 외괘(外卦)	산(山): ☶ 머무름			상구(上九)	국사	-
				육오(六五)	임금, 성인	中과 성인의 자리
				육사(六四)	고급관리(대신)	-
하괘(下卦) 내괘(內卦)	물(水): ☵ 험난함			육삼(六三)	제후	-
				구이(九二)	초급 관리, 군자	中과 군자의 자리
				초육(初六)	천민, 백성	-

산수몽(水雷蒙)괘

산수몽(山水蒙)괘는 ☶(산, 艮)이 위에 있고 ☵(물, 坎)이 아래에 있는 상으로 이를 몽(蒙)괘라 한다. 몽(蒙)은 '몽매하다', '어리석다'라는 의미이다. 물은 '험난함'이고, 산은 '머무름'이니, 산수몽괘는 험난함에 머물고 있는 어리석은 상황이다. 이 괘는 험난함을 극복하기 위해서 몽매함을 깨우쳐야 한다는 뜻을 담고 있다.

물은 산속의 샘에서 솟아난다. 이제 막 솟아난 물은 미약하지만, 흘러내려 개울이 되고, 시내가 되고, 강으로 성장하면 그 미약함을 떨치고 큰 바다에 이를 수 있다. 만물도 마찬가지이다. 처음 태어나면 어린아이처럼 당연히 미약하고 어리석다. 그러나 좋은 양육의 환경에서 스승을 만나 제자의 도리를 다하면서, 하늘의 이치를 배우고 깨달으면 큰 성취를 이룰 수 있다. 이것이 교육의 원리이다.

산 아래 샘에서 태어나는 동몽
(Thomas Cole, The Voyage of Life: Childhood, 1842)

〈주역〉 64괘는 상하괘의 상을 보고 우리가 삶에서 실천해야 할 덕목을 설명하고 있는 '대상사', 괘의 전체 의미를 말하고 있는 '괘사(卦辭)', 그리고 각 효의 위치와 효의 관계에 따라 설명하고 있는 여섯 개의 '효사(爻辭)'로 구성되어 있다. 먼저 대상사와 괘사를 통해 몽괘의 전반적인 의미를 살펴보자.

산수몽괘의 대상사는 "산 아래에서 샘물이 나오는 것이 몽(蒙)이니, 군자는 이로써 행실을 과단성 있게 하고 덕을 기른다."라고 한다. 높은 산 아래에서 조금씩 흘러나오는 샘물은 아직 어린아이와도 같이 미약한 것으로 여겨진다. 그러나 군자는 상수몽의 상을 보고, 현재는 몽매하지만 앞으로 깨우쳐 큰물로 성장할 수 있다고 자각한다. 그래서 대상사를 통해 하늘의 이치를 깨우칠 수 있다는 믿음을 가지고, 과단성 있는 바른 행동으로 덕을 기르라(果行育德)고 가르친다. 누구라도 이렇게 하면 바다처럼 커다란 덕을 이룰 수 있다는 것이 이 괘가 전하는 교훈이다.

산수몽괘의 괘사는 "몽은 형통하니 내(스승)가 몽매한 어린아이에게 구하는 것이 아니라 몽매한 어린아이(학생)가 나에게서 구하는 것이니 처음 묻거든 가르쳐주고 두 번 세 번 물으면 모독하는 것이다. 모독하면 깨우쳐주지 않으니 바르게 함이 이롭다."라고 말하고 있다. 처음의 몽매함은 순수하고 진실한 마음을 지닌 어린아이와 같다. 이런 어린아이를 동몽(童蒙)이라 한다. 처음의 어리석음인 샘물은 흘러 시내를 이루고, 큰 강을 이루어 바다에 이르는 덕을 얻게 되어 형통하게 된다고 한다. 하지만 여기에는 조건이 있다. 동몽이 스승의 가르침에 대해 의심하지 않고,

믿음으로 과단성 있게 행동해야만 몽에서 벗어나 지혜를 얻을 수 있다는 것이다.

산수몽괘의 육효사는 양효(─)인 구이와 상구가 스승이 되고, 음효(--)인 나머지 효가 학생이 되어 몽매함을 깨우치는 교육의 원리를 설명하고 있다. 여기서 교육의 기준은 하늘의 섭리로써 성인군자로 향하는 길인데, 각 효에서 이에 대한 구체적인 방법을 설명하고 있다.

초육 효사는 "초육은 몽매함을 일깨우되, 체벌로만 해나가면 인색하다."라고 말하고 있다. 초육은 어리석은 사람 중에 나이가 가장 어린 몽매한 학생이다. 초육에서는 스승이 몽매함을 일깨울 때 엄격한 법도와 체벌이 필요한 때도 있다고 한다. 그러나 체벌만으로 교육하면 인색하게 되어 재앙이 따른다고 경계하고 있다.

구이 효사는 "구이는 몽매한 자를 포용하면 길하고 아내를 맞아도 길하니, 자식이 집을 잘 다스림이다."라고 언급한다. 구이는 중(中)을 얻은 자리로 중용의 덕을 갖춘 스승이다. 스승은 아래와 위에 있는 음효인 모든 학생을 이해하고 포용해서 깨우침을 주어야 길하다는 말이다. 즉, 스승의 넓은 도량을 강조한 것이다. 강건한 양인 구이는 유순한 음인 육오와 음양이 응(應)하여 사귀는 관계이다. 구이는 비록 초급 관리의 지위이지만, 유약한 왕인 육오를 깨우치는 스승이자 신하의 역할도 하는 것이다. 가정으로 말하면 육오가 아버지의 자리요, 구이는 자식의 자리이다. 남녀로 말하면 구이가 육오를 아내로 맞이하여 부부의 연을 맺고 집안의 도를 이어간다.

구이의 효사는 스승은 포용력을 가져야 하고, 학생은 지위나 나이와 관계없이 스승에게 배워 자신이 부족한 점을 깨우쳐야 한다는 것을 말하고 있다.

육삼 효사는 "육삼은 (이런) 여자를 취하지 말 것이니, 돈 많은 사내를 보고 제 몸을 두지 못하니, 이로운 바가 없다."라고 말한다. 육삼은 양자리에 음(--)이 와서 자리가 바르지 못하고 중(中)을 지나쳐서 자기의 아집대로 하는 흉이 있는 자리이다. 그리고 상구와 응(應)의 관계임에도 이웃인 구이에 마음이 끌려 정당한 상대를 버리고, 돈 많고 세력 좋은 남자를 따라가려 한다. 이러한 여자는 행실이 불손하여 아내를 맞이하면 안 된다는 것이다. 교육적으로는 이런 무지몽매한, 곧 불량한 학생은 자기 스스로 후회하고 깨닫기를 바라며 가르치지 않고 버려둔다는 뜻이다.

육사 효사는 "육사는 곤궁한 몽매함이니 인색하다."라고 말한다. 육사는 위와 아래가 모두 음이라 친한 이웃이 없고, 초효와도 서로 응(應)하지 못하는 고립무원의 위치에 있다. 이것은 자기를 도와줄 이웃도 없고, 자기의 몽매함을 깨우쳐줄 스승도 없는 상황으로 그저 몽매함을 부끄러워하고 있다. 그러나 다행히 음의 자리에 음이 오는 바른 자리(正位)에 있기에 어진 스승을 찾아 배울 수 있다면 큰 화는 면한다고 말하고 있다.

육오 효사는 "육오는 순수하고 어린아이의 몽(蒙)은 길하다."라고 말한다. 순수하고 어린 아이를 동몽(童蒙)이라 한다. 따라서 구이는 순수하고 착한 학생으로 스승과 상응하여 몽매함을 깨우치기에 좋은 조건을 갖추고 있다. 이런 학생은 나를 내려놓고 하늘의 뜻에 순종하며, 스승인 성현의 지도를 겸손하게 따르면서 공부하니 길할 수밖에 없다고 한다.

상구 효사는 "상구는 몽매함을 쳐서 일깨워주는 것이오, 도둑이 되는 것은 이롭지 않음이오, 도둑을 막는 것이 이롭다."라고 말한다. 상구도 구이처럼 스승의 자리로서, 학생들의 마음을 정화하고 학문에 대한 열정을 고취하기 위해 노력해야 한다. 또한, 스승이 먼저 올바른 길로 나아가야 하며, 학생들이 그 길에서 이탈하지 않도록 도와야 한다. 이는 학생이나 스승이나 모두 바른길을 걸어야 한다는 의미이다.

이렇게 산수몽괘는 교육의 원리와 조건, 그리고 스승과 제자의 역할을 설명하고 있다. 현재는 몽을 교육하는 시기이니, 산속에서 흘러내리는 미약한 샘물일지라도 계곡, 시냇물, 강으로 흐르면서 그 몽매함을 깨우치면 큰 바다에 이를 수 있다고 말하고 있다. 또 효사를 통해 교육은 엄격해야 하지만 스승은 학생들을 포용해야 하며, 만약 불량한 학생이 있다면 취하지 말 것이고, 나를 내려놓고 하늘의 섭리를 겸손하게 배우는 순수한 마음을 가진 사람이 길하게 될 것이라고 강조하고 있다.

물이 위에 있고 산이 아래에 있는 수산건(水山蹇)괘

상괘(上卦) 외괘(外卦)	물(水):☵ 험난함			상육(上六)	국사	-
				구오(九五)	임금, 성인	中과 성인의 자리
				육사(六四)	고급관리(대신)	-
하괘(下卦) 내괘(內卦)	산(山):☶ 머무름			구삼(九三)	제후	-
				육이(六二)	초급 관리, 군자	中과 군자의 자리
				초육(初六)	천민, 백성	-

수산건(水山蹇)괘

　수산건(水山蹇)괘는 험난 한 물(☵)이 위에 있고, 머물러야 할 산(☶)이 아래에 있다. 건(蹇)은 '절름발이 건'자로, 겨울 한(寒)과 발 족(足)이 합쳐져 겨울에 발이 얼어 걷기 어려움을 말한다. 얼어붙어 절고 있는 발로 산을 오르는 것은 정말 어렵다. 그런데도 겨우 산을 넘어섰는데 또다시 앞에 험난한 강물이 기다리고 있다. 이렇게 험난함이 겹쳐있는 극한 상황을 우리는 어떻게 극복해야 하는가? 사람의 인생사에도 건(蹇)처럼 나아가기 힘든 상황이 있는데, 그럴 때는 무모하게 앞으로 나가려 하지 말고 머무는 법을 배우라고 수산건괘는 말하고 있다.

험난한 설산

수산건괘의 대상사는 "산 위에 물이 있는 것이 건(蹇)이니, 군자가 이를 본받아서 몸을 돌이키고 덕을 닦는다."라고 한다. 이는 험난한 산 위에 또 험난한 물이 있는 상황으로, 이럴 때는 무모한 욕심을 내어 가시밭길을 가지 말고, 나 자신을 되돌아보고 반성하여 성인의 길을 자각하고 덕을 쌓아 실천하라는 의미이다. 이를 반신수덕(反身修德)이라고 한다. 더 해석해보면 내가 다리를 절고 있을 때일수록 더 나 자신을 되돌아보면서 덕을 닦아 실천하여 나와 국가가 흉을 피하고 길할 수 있도록 해야 한다는 뜻이다.

수산건괘의 괘사는 "건은 서남쪽이 이롭고 동북쪽은 이롭지 아니하며, 대인을 만나 보는 것이 이로우니 바르면 길할 것이다."라고 말한다. 여기서 서남쪽은 평평한 땅이 있는 곳이고, 동북쪽은 높은 산이 있는 곳을 뜻한다. 수산건괘의 시대는 추운 겨울에 다리를 절고 있는 상황으로 동북의 산으로 가면 어렵고 서남의 평지로 가면 걷기가 수월하여 이롭다는 것이다. 그리고 서남으로 가면 대인을 만나서 성인의 길에 이르는 깨달음을 얻을 수 있으니 이를 바르게 실천하면 길하다는 것이다. 수산건괘는 험난함을 앞에 두었을 때 어떻게 해야 하는지를 가르치고 있다. 험난함 앞에서 성급하게 움직이지 말고 머무르는 지혜를 가져야 하며, 또 다리를 절고 있는 어려운 시기이기 때문에 자신을 되돌아보면서 성인을 만날 수 있는 서남쪽으로 가는 것을 실천하라는 것이다.

그렇다면 어떻게 머무르고 어떻게 나아가야 하는지에 대한 구체적인 방향을 수산건괘의 육효사를 통해 알아보자. 초육 효사는 "초육은 가면 어렵고 오면(머물고 있으면) 명예가 있다."라고 말한다. 수산건괘의 하괘는 산으로 머물러야 함을 상징한다. 지금 초육의 상황은 아직 어린 십 대로, 공부하고 수양할 나이다. 그리고 양자리에 음(--)이 와서 자리도 바르지 못하고(不正位), 친한 이웃도 없고, 서로 사귀는 응(應)의 관계도 없다. 이는 아무도 도와주는 이가 없이 홀로 외로이 서 있는 고립무원의 상황이다. 이런 상황에서 초육은 절름발이라 나가면 어렵고, 머물고 있으면 명예로운 길이 열린다는 것이다. 이는 아직 부족한 상황이니 섣불리 움직이지 말라는 조언이다. 대신 괘사에서 말한 것처럼 서남쪽으로 가서 공부하고 수양하여 역량을 갖춘 뒤 나아갈 마땅한 때에 나가라는 뜻이다.

육이 효사는 "육이는 왕의 신하가 어렵고도 어려운 것은 자신의 몸을 위해 연고를 두지 않아야 하기 때문이다.(국가를 위해 하는 것이지 나의 몸을 위해 하는 것이 아니다.)"라고 말한다. 수산건괘의 어려운 시기에는 나만 힘든 것이 아니라 온 세상 사람들이 다 어려움에 처해 있다. 이 시기에 육이는 군자로서, 위에 있는 구삼과 친한 비(比)의 관계에 있다. 또 구오와는 음양으로 응(應)하고 있어 성인과 군자의 관계, 왕과 신하의 관계에 있다. 세상이 어려우므로 왕과 신하도 모두 어렵다. 이러할 때 육이는 자리가 바르고 하늘의 섭리를 자각하여 합당하게 행하는 덕을 갖춘 군자로서, 어려운 상황에서 더 큰 어려움을 극복하기 위해 최선을 다하고 있다. 그런데 육이가 이렇게 행동하는 이유는 자신의 개인적인 이해관계 때문이 아니라, 왕과 나라를 위해 모든 노력을 기울여야 하는 신하이기 때문이다. 이런 헌신 때문에 육이는 허물이 없다. 만약 자신의 이익을 위해 행동했다면 임금으로서나, 신하로서나 자신의 역할을 충실히 하지 못했기 때문에 허물이 될 것이다. 지금 우리가 사는 사회도 여러 가지 어려움에 직면해있다. 이러한 상황에서 대통령과 모든 공직자가 육이의 덕을 가져야 할 것이다. 이 효사는 사리사욕에 빠지지 않고 함께 노력하여 고난을 극복해야 함을 강조하고 있다.

구삼 효사는 "구삼은 가면 어려움이 있고, 오면(머물면) 자신을 돌이킴이라."라고 말한다. 구삼은 양자리에 양(一)이 와서 바른 자리(正位)에 있고, 군자의 자리에 있는 육이와 친한 비(比)의 관계이며, 상구와 응(應)의 관계를 맺고 있다. 그런데 구삼은 머물러야 하는 산인 하괘의 상효이다. 육효로 따지면 삼효이지만, 삼효 단괘로 따지면 산의 제일 위에 있는 효라는 말이다. 그래서 머물러야 한다는 산의 성찰, 즉 나가지 않고 나 자신을 되돌아봐야 한다는 의미를 내포하고 있다. 자기성찰만이 수산건괘의 어려움에서 벗어날 수 있다는 점을 강조한 것이다. 그래야 성인의 길을 자각할 수도 있고, 나라도 편안하게 만들 수 있다. 또 반신수덕(反身修德)을 하면 내면의 기쁨을 얻을 수 있다는 가르침도 담고 있다.

육사 효사는 "육사는 어렵고 오면(머물면) 이어짐이라."라고 말한다. 육사도 구삼과 마찬가지로 나아가면 어려움이 있기에, 머무르고 성찰하고 기다린다면 이어지게 된다고 알려주고 있다. 육사는 음자리에 음(--)이 와서 자리가 바르다(正位). 이렇게 시의성에 비추어 자리가 마땅하니, 이웃하고 있는 구삼과 함께 성인의 길을 실천하면 기쁨이 뒤따라오는 결과로 이어진다는 의미이다.

구오 효사는 "구오는 큰 어려운 시기에 벗이 온다."라고 말한다. 위아래와 친할 수 있고(比), 육이와 상응(應)하며 중(中)을 얻은 자리로 아주 좋은 여건을 가지고 있다. 인간으로 말하면 필요한 것을 다 갖춘 사람이라고 할 수 있는 것이다. 큰 어려움에 직면한 수산건의 시기이며, 세상이 다 힘들고 모든 사람이 어렵지만, 그 상황 속에서도 벗이 나타난다는 것은 구오가 어려움을 극복하기 위해 올바르고 당당한 중용의 길로 나아가기 때문이다.

상육 효사는 "상육은 가면 어려움(험난함)이 있고, 그대로 있으면 큼이라 길하니, 대인을 만나보는 것이 이롭다."라고 말한다. 이는 극한의 어려움에 처해 있으나 나아가지 않고 멈추면 그 어려움을 극복할 수 있는 상황을 설명하고 있다. 상육은 임금의 스승인 국사의 귀한 자리에 있다. 그런데도 자신을 내려놓고 제자인 구오가 가야 할 성인의 길을 자각한다면, 그 귀한 깨달음으로 어려움을 극복할 수 있다는 점을 강조하고 있다. 그래서 대인(성인)의 말씀을 깨달으면 이롭다고 한 것이다.

수산건괘는 어려울수록 자신을 내려놓고 반신수덕(反身修德)하여 어려움을 헤쳐나가는 지혜를 내포하고 있다. 그것은 마땅한 때를 기다리는 시의성에 관한 이야기이다. 우리의 삶에서도 감당하기 힘든 힘난한 상황이 닥쳐올 수 있다. 그럴 때 성급한 마음으로 어떤 결정이나 행동을 하기보다는 잠시 나 자신을 되돌아보고 적절한 시기가 될 때까지 기다릴 필요가 있다는 교훈을 수산건괘에서 얻을 수 있다. 그것이 하늘의 진리와 세상의 섭리를 깨우친 성인의 도이다.

요수(樂水)는 변화하는 물의 역동성을 즐기는 지혜이다. 물이 미약한 샘물에서 시작해 험난한 계곡과 시내를 거쳐 강물이 되어 광대한 바다로 향하는 것처럼, 우리는 자신의 몽매함을 깨우치기 위해 멈추지 않고 배움의 길을 탐험해 자신의 부족함을 채워갈 수 있다. 이것이 몽괘의 가르침이다.

요산(樂山)은 머물러 제 자리를 지키는 산의 고요함과 침착함을 즐기는 지혜이다. 험난할 때일수록 멈추고 자신을 내려놓으라는 것은 아집과 편견, 고정관념에 싸여 있는 자기 생각을 성찰하라는 뜻이다. 그래야 위기를 벗어날 지혜를 얻을 수 있다. 이것이 건괘의 가르침이다.

〈주역〉의 몽과 건의 교감은 공자의 요산요수(樂山樂水)의 가르침으로 이어져 현대사회를 사는 우리에게까지 깊은 깨달음을 전해주고 있다. 도시문명에 지쳐있는 우리가 산과 물을 좋아하고 그리워하는 것은 바로 우리 내면에서 직관적으로 자연의 덕(德)을 느끼기 때문이 아닐까 생각해본다.

2-4

은택의 물과 다툼의 물

은택의 물과 다툼의 물

　우리가 사는 세상에는 수많은 생명이 장엄하게 펼쳐져 있다. 이 생명이 살아가기 위해서는 많은 조건이 필요하지만, 그중 가장 중요한 것은 바로 물이다. 아기가 어머니의 뱃속의 물에서 잉태되듯이, 물이 없으면 생명은 탄생할 수도, 유지될 수도 없다.

　문명도 마찬가지이다. 물이 아니면 고대 농경 사회는 시작할 수도 없었을 것이다. 계절의 순환에 따른 비의 때와 정도를 알아낸 사람들은 거기에 맞추어 씨를 뿌리고, 식물을 키우고, 열매를 수확하고, 곡식을 저장하며 굶주림에서 벗어날 수 있었다. 비의 때와 정도가 어긋나 가뭄과 홍수가 난다면 그것은 재앙이기에, 치수(治水)는 국가의 흥망이 걸려있는 가장 중요한 과제였고, 나라를 다스리는 기본 덕목과 책무였다. 4,000여 년 전 중국 하나라 우왕의 설화부터 현대의 아프리카에 닥친 가뭄 문제까지 동서고금을 막론하고 물은 국가와 사회의 운명을 가를 중요한 조건임을 부인할 수 없다. 아무리 과학기술이 발전한다고 해도 물 없이는 생명은 살아갈 수 없는 것이다.

생산의 문제를 전적으로 물에 의존해야 했던 고대에는 하늘에서 내리는 비를 신의 뜻으로 여겼다. 메마른 대지를 적시는 단비는 신이 주는 은택이지만, 비가 지나쳐 홍수가 나면 신이 내리는 재앙으로 여긴 것이다. 고대의 사람들은 자연의 변화에 대해 이해할 수 있는 지적 능력과 주체적 의지가 없었기에 신이 자연을 조정한다고 믿었을 것이다. 가뭄이 들면 기우제를 지내는 풍습도 이런 배경에서 비롯된 것이다.

3,000여 년 전에 만들어진 〈주역〉의 64괘에는 은택의 물과 다툼의 물이 등장한다. 하늘 위에 있는 물이 어떻게 하면 은택이 되어 내릴 수 있는지를 알려주는 수천수(水天需)괘와 하늘 아래로 내려온 물이 다툼을 일으키지 않으려면 어떻게 해야 하는지를 알려주는 천수송(天水訟)괘가 그것이다. 수괘와 송괘는 물이 은택이 될 수도 있고, 동시에 다툼의 원인이 될 수도 있음을 담고 있다. 어떻게 하면 우리의 삶에서 물이 다툼을 낳지 않고 은택이 되게 할 수 있을까?

하늘 위에 물이 구름으로 머물러 있는 수천수(水天需)괘

상괘(上卦) 외괘(外卦)	물(水):☵ 험난함			육구(六九)	국사	-
				구오(九五)	임금, 성인	中과 성인의 자리
				육사(六四)	고급관리(대신)	-
하괘(下卦) 내괘(內卦)	하늘(天):☰ 강건함			구삼(九三)	제후	-
				구이(九二)	초급 관리, 군자	中과 군자의 자리
				초구(初九)	천민, 백성	-

수천수(水天需)괘

   수천수(水天需)괘는 ☵(물, 坎)이 위에 있고 ☰(하늘, 乾)이 아래에 있어, 괘상은 수천(水天)이고, 괘명은 수(需)괘이다. 〈주역〉에서 물은 하늘의 은택(澤)을 상징하기도 하고 험난함(險)을 상징하기도 한다. 다른 괘에서는 한 가지 뜻만을 상징하지만 수괘에서는 두 가지 뜻을 함께 담고 있다. 수(需)는 '기다릴 수', '음식 수'로서 수괘는 음식을 즐기면서 하늘의 은택을 기다린다는 뜻이다. 〈주역〉에서 음식과 술은 성인의 진리를 깨닫는 데 필요한 인격적인 영양소를 비유한다. 그러므로 수괘에서 기다리는 하늘의 은택은 물리적인 것이 아닌 진리의 깨달음이라고 해석할 수 있다. 험난함을 나타내는 물이 위에 있고, 강건한 덕성을 가진 하늘이 아래에 있다는 것은 앞으로 나아가려 하지만 험난함이 가로막고 있다는 것이다. 수괘는 하늘의 은택을 기다려야 한다고 말한다. 여기에서 기다린다는 것은 수양을 통해 몸과 마음을 단련하면서 진리를 깨닫고 미래를 준비한다는 의미이다. 이렇게 하면 험난함은 하늘의 은택이 되는 것이다.

하늘의 비구름 (자료출처: USGS)

수괘의 전반적인 의미를 대상사와 괘사를 통해 살펴보자. 수천수괘의 대상사에서는 "구름이 하늘 위에 오른 것은 수(需)이니, 군자는 이로써 음식을 먹으면서 편안하게 잔치를 즐기면서 기다린다."라고 언급한다. 수괘는 상괘가 물이고, 하괘가 하늘이다. 이는 지금 하늘 위에 물이 구름으로 존재하고 있으며, 언젠가 결국 그 구름이 비가 되기를 기다린다는 뜻이다. '음식을 먹으며 편안하게 잔치를 즐긴다(飮食宴樂)'라는 것은 주색에 빠지는 것이 아니라, 공부를 통해 수양한다는 것을 비유하는 말이다. 군자는 수괘의 괘상을 보고, 심신을 닦고 능력을 기르며 험난함을 극복할 수 있는 때를 기다리라는 가르침을 준 것이다.

수천수괘의 괘사는 "수(需)는 마음속에 진실한 믿음을 가지고 있으면 크게 형통하고 바르면 길하니 큰 내(大川)를 건너는데 이롭다."라고 한다.

수(需)는 기다린다는 것인데, 무엇을 기다리는가? 바로 하늘의 은택을 기다리는 것이다. 하늘 위 구름이 비로 변해 땅으로 내려와 만물을 적셔주기를 바라는 것이다. 이때의 물은 하늘의 은택이지만, 물은 또 험난함을 상징하기도 한다. 즉 강건한 하늘 앞에 험난함이 있는 괘상이기도 한 것이다. 상괘는 미래이고 하괘는 현재 상황을 뜻한다고 볼 때, 험한 미래가 예상되는 상황이다. 이럴 때는 성인의 길에 이를 수 있다는 믿음으로 강건하고 바르게 수양하며 때를 기다려야 한다. 그러면 크게 형통하고 길하여 큰 내를 맨발로 건널 수 있다는 것이다. 큰 내를 건넌다는 것은 위험을 극복하여, 원하는 곳으로 갈 수 있다는 것을 비유한다.

수천수괘에서 하늘의 비는 은택, 또는 진리를 비유한다. 수양하며 기다리면 그 은택을 받을 수 있다는 것이다. 하지만 너무 많은 비가 내리면 은택은 더 큰 험난함이 될 수 있다. 따라서 기다림에도 많은 주의가 필요하다. 어디에서, 어떤 마음가짐으로 기다려야 하는지가 중요한 것이다. 수천수괘의 육효사는 이에 대한 구체적인 길을 안내해 주고 있다.

초구 효사는 "초구는 들에서 기다림이라 항심을 가지는 것이 이로우니, 허물이 없을 것이다."라고 말하고 있다. 초구는 양의 자리에 양(一)이 와서 정위(正位)이고, 육사와 응(應)하고 있으나 나이가 어려서 험한 곳으로 나아가기에는 공부와 수양이 더 필요한 자리다. 초구는 상괘의 험난한 물, 홍수로 범람한 강으로부터 멀리 떨어져 성 밖의 들에서 기다리고 있다. 이곳은 가장 안전한 바른 자리로 항상 편안한 마음으로 공부할 수 있는 환경이다. 따라서 초구는 언젠가는 성인의 진리를 깨달아 험난함을 극복할 수 있다는 절대적인 믿음을 가지고 항심으로 인내하면, 은택을 얻을 수 있다는 의미인 것이다.

구이 효사는 "구이는 강변의 모래톱에서 기다리니 조금 말이 있으나 마침내 길하다."라고 말하고 있다. 음의 자리에 양(—)이 와서 자리가 바르지 않다. 이것은 군자가 처할 자리가 아니다. 또 구이는 초구와 달리 상괘의 험난한 강에 더 가까이 있는 상황이다. 모래톱에서 기다린다는 것은 아직 홍수로부터 위험하지 않지만 '조금 말'이 있다고 한다. 이는 곧 위태로운 상황에 빠질 수 있음을 비유하는 것이다. 하지만 다행히 구이는 중(中)을 얻은 자리로 중용의 덕을 갖추고 있어, 깨끗한 모래톱에서 성인의 진리를 깨닫고 실천하며 때를 기다리면 험난함을 극복하여 앞으로 나아갈 수 있어 결국 길하다고 한다.

물이 차오르는 강가의 모래톱

구삼 효사는 "구삼은 진흙 속에서 기다리니 도적을 불러오게 한다."라고 말하고 있다. 구삼은 양의 자리에 양(─)이 와서 정위(正位)이지만, 지나치게 강하고 중(中)에서 벗어나 있어 경솔하게 자기 생각대로만 험난한 강을 건너려 한다. 초구는 들에서 기다리고, 구이는 모래톱에서 기다리는데, 구삼은 홍수가 넘치는 진흙 속에서 기다리고 있으니, 그곳은 물에 휩쓸릴 수 있는 위험한 자리이다. '도적을 불러오게 한다.'라는 말은 위험을 자초한다는 말이다. 하지만 다행히 자리가 바르니, 성인의 진리를 공경하는 마음을 가지고 조심하면 크게 잘못되지는 않을 것이라는 경계의 말을 해준다. 이것은 우리의 삶에도 해당하는 가르침이다. 자신의 잘못 때문에 위험한 상황에 빠져도, 근신하는 마음으로 살아가면 그 상황을 벗어날 수 있다는 것이다. 구삼은 비록 험난한 자리지만, 어떤 마음으로 기다리느냐에 따라 위험을 피할 수도 있다고 말한다.

육사 효사는 "육사는 핏속에서 기다림이나 구멍으로부터 빠져나올 수 있음이로다."라고 말하고 있다. 육사는 음의 자리에 음(--)이 있어 정위(正位)지만, 유약한 음이라서 상괘의 험한 물속에 빠져 있다. '핏속에서 기다림'이란 험한 곳에 빠져 다친다는 뜻이다. 하지만 비록 유약한 육사라도 상응하는 초구와 위아래로 친한 관계에 있는 구오와 구삼의 가르침을 잘 따른다면 구멍에서 빠져나와 화를 피할 수 있다. 이는 아무리 어려운 상황에서도 현명한 사람이 조언을 잘 듣고 따르면 어려움을 극복할 수 있다는 가르침이다.

구오 효사는 "술과 음식 속에서 기다림이니 바르면 길할 것이다."라고 말하고 있다. 구오는 험한 물의 한가운데 있어 가장 고난스럽다. 그런데도 위아래가 모두 친한 비(比)이고 중(中)을 얻었으며, 양의 자리에 양(─)이 오는 정위(正位)로, 중정의 도를 가졌고 하늘의 진리를 깨달아 바르게 실천할 수 있는 역량을 가진 자리이다. 구이와 상응하지 못하는 것이 결점이지만, 구오는 고난을 극복할 수 있다는 믿음을 가지고 굳건히 중정의 도를 실천한다. 따라서 구오는 술과 음식(성인의 진리) 속에서 여유롭고 너그러운 마음으로 구이가 스스로 복종하기를 기다린다. 이것이 바른길이고, 길함을 얻을 방법이다.

상육 효사는 "상육은 구멍에 들어가니 청하지 않은 세 명의 손님이 올 것이니 공경하면 마침내 길할 것이다."라고 말하고 있다. 상육은 수괘의 맨 위에 있는 자리로 하괘가 이제 기다림을 끝내고 강건하게 나아가 험난함을 극복하는 자리이다. 상육은 음의 자리에 음(--)이 있는 정위(正位)로, 그 자리가 동굴 속에 있는 듯 편안해서 '구멍으로 들어간다'라고 하였다. 상육은 편안한 구멍 속에서 때를 기다리며 견뎌낸다. 그리고 험한 상황이 끝나가는 지금, 서로 상응하고 있는 구삼이 구이, 초구와 함께 올라온다. 하괘에 있는 이 세 효는 초대하지 않은 손님으로, 이들은 큰 내를 건널 수 있는 유익한 때를 맞이했기 때문에 올라온 것이다. 이때 상육이 성인의 진리에 따라 그들을 공경하면 구멍에서 빠져나와 길함을 얻을 수 있다고 한다.

수천수괘의 가르침을 정리해보면, 하늘의 은택을 기다리는 마음의 자세는 성인의 진리를 믿고, 배움을 즐기면서, 그 길을 공경하고 따르는 것이다. 이것은 처한 위치와 때를 잘 판단해 나아갈 때 나아가고, 멈출 때 멈추는 지혜로 인생과 정치의 이치이다. 수천수괘의 육효는 각각의 위치나 상황은 다르지만, 우리 앞에 험난함이 있을 때 인내하고 조심하면서 때를 기다린다면, 언젠가는 어려움을 극복하여 길하고 편안함을 얻을 수 있음을 알려준다.

하늘 아래로 구름이 비가 되어 내리는 천수송(天水訟)괘

상괘(上卦) 외괘(外卦)	하늘(天):☰ 강건함		상구(上九)	국사	-
			구오(九五)	임금, 성인	中과 성인의 자리
			구사(九四)	고급관리(대신)	-
하괘(下卦) 내괘(內卦)	물(水):☵ 험난함		육삼(六三)	제후	-
			구이(九二)	초급 관리, 군자	中과 군자의 자리
			초육(初六)	천민, 백성	-

천수송(天水訟)괘

그러나 한편으로는 수천수괘의 가르침은 지나치게 이상적이다. 성인의 진리를 믿고, 공부하고, 공경하는 자세로 은택을 기다리면 마침내 진리를 깨달아 험난함을 극복하고 길함을 얻을 수 있다고 하지만 현실이 꼭 그렇게만 흘러갈까? 기다려도 은택이 내려지지 않거나, 기대했던 것보다 그 은택이 훨씬 적을 수도 있지 않을까? 이런 마음이 생기면 우리는 하늘의 공평함에 대해 의심하게 된다. 이것은 하늘과의 갈등이며 나의 믿음을 시험받는 순간이다.

군자는 진리에 대한 믿음으로 공부하고 공경하며 때를 기다려 곤경에서 벗어날 수 있지만, 소인은 믿음이 없기에 아무런 노력도 하지 않고 행운만을 바란다. 그러다 결국에는 은택을 내리지 않는 하늘을 원망하고 자신과도 다투게 된다. 수천수(水天需)괘의 상괘와 하괘를 거꾸로 하면 천수송(天水訟)괘가 된다. 송괘는 너무 성급한 마음으로 구름이 비가 되어 내리는 때를 인내하지 못하는 소인들을 이야기하고 있다.

천수송(天水訟)괘는 위에 하늘이 있고 아래에 물이 있다. 송(訟)은 '다툰다', '송사하다'의 뜻을 가진 글자이다. 송괘의 괘상을 보면 하늘은 위를 향해 높이 솟고, 물은 아래로 흐르는 모습이다. 이렇게 방향과 뜻이 서로 다른 자연현상은 서로 화합할 수 없고 다툼이 생긴다. 강건한 하늘과 험한 성질을 가진 물이 서로 대립하여 송사로 이어지는 것이다. 사회생활에서 윗사람이 아랫사람을 멸시하고 아랫사람이 그것을 참지 못하는 험악한 성질을 지녔을 때, 서로 다투는 상황이 벌어지는 것과 같다. 그렇다면 이런 다툼과 송사를 어떻게 극복해야 하는가. 송괘의 대상사와 괘사, 그리고 육효사는 그 해법을 제시하고 있다.

천수송괘의 대상사는 "하늘과 물이 어긋나게 가는 것이 송(訟)이니, 군자는 이를 본받아 일할 때는 처음부터 철저히 잘하도록 도모해야 한다."라고 말하고 있다. 강건한 하늘과 험난한 물이 서로 어긋나서 다투고 있는 괘상이 보여주듯이, 뜻도 다르고, 가는 길도 다르고, 하는 일도 달라 서로 양보하지 않으면 싸움을 피할 수 없다. 서로의 이해가 부딪치고 소통이 어렵다는 것이다. 군자는 이런 상황을 보고 깨달음을 얻었으니, 이해가 충돌해 일어나는 싸움을 막기 위해서는 처음부터 일을 잘 살펴보고 다툼의 원인을 완전히 없애야 한다고 말한다.

천수송괘의 괘사는 "송(訟)은 믿음이 있으나 막혀 두려우니, 중용을 지켜야 길하고 끝까지 밀고 나가면 흉하니, 대인을 봄이 이롭고 큰 내를 건넘은 이롭지 않다."라고 말하고 있다. 하괘의 물(☵)은 음(--)으로 둘러싸인 가운데 양(ㅡ)은 충실하고 성실한 성(誠)의 덕을 갖는다. '송이 믿음이 있다'라는 것은 이 가운데 있는 양효(ㅡ) 구이가 중(中)을 얻은 군자의 자리로, 성실한 믿음으로 송사를 잘 다룬다는 말이다. 이 믿음은 성인인 구오의 가르침에 따라 중용의 덕을 실천하면 하늘의 은택이 내려온다는 확고한 신념과도 같다. 군자인 구이는 송사에 나아가는 것을

하늘에서 내리는 비 (사진출처: USGS)

두려워하며 조심하고 삼가면 남과 싸우는 일이 없을 것이며, 만약 싸운다고 해도 곧 중지할 것이니 길하다고 말한다. 그러나 상괘의 하늘(≡)에서는 맨 위에 있는 상구가 굳셈이 지나쳐 다툼을 끝까지 밀고 가면 흉하게 된다고 한다. 또 싸움이 있으면 중정의 덕을 갖춘 대인을 찾아 재판을 부탁하는 것이 좋고, 그렇지 않고 송사를 끝까지 하면 하늘의 뜻으로 큰 내를 건널 수 없다고 말하고 있다.

송괘의 괘사가 담고 있는 의미를 정리해보면 다음과 같다. 군자인 구이는 소인인 초육과 육삼에 막혀서 두렵지만, 성인인 구오에 대한 믿음으로 진리를 깨닫고 실천하여 중용의 덕을 얻었다. 구이가 이 믿음을 가지고 송사를 그만두면 길하고 끝까지 가면 나쁜 결과를 초래한다는 것이다. 송사는 다양한 형태로 나타날 수 있지만, 여기에서 언급된 송사는 자신과 성인의 진리에 대한 송사를 말한다. 결론적으로 송사에서 하늘의 진리를 이길 수 없으니 믿음으로 진리를 따라야 한다는 교훈이다. 이에 육효사는 송사에 대처하는 자세에 대해 더 구체적으로 설명하고 있다.

초육 효사는 "초육은 송사를 길게 하지 않으면 조금 말이 있으나 마침내 길할 것이다."라고 말하고 있다. 초육은 어린 나이로, 양자리에 음(--)이 와서 부정위(不正位)하고 중(中)도 얻지 못한 상황이다. 한마디로 수양이 부족하다는 것이다. 이런 상태에서 응(應)의 관계인 강한 양인 구사를 상대로 송사를 하는 것은 승산이 없다. 그러니 비록 주변에 말은 있지만, 송사를 길게 하지 않아야 결국 길하게 된다는 것이다.

구이 효사는 "구이는 송사를 이기지 못함이니 돌아서 도망가 그 고을 사람이 삼백 호면 큰 재앙이 없을 것이다."라고 말하고 있다. 구이는 부정위(不正位)이나 중(中)을 얻었고, 초육과 육삼과는 친한 비(比)의 관계이다. 하지만 구이는 같은 양(⚊)인 구오와 불응(不應)으로 합당한 덕을 이루지 못해 갈등이 생긴다. 구이는 바른 위치에 있지 못한 신하로 삼백 호를 가진 읍을 소유하고 있다. 이런 신하가 성인 또는 임금인 구오와 대립한다면 큰 재앙을 초래한다. 다행히 중(中)을 얻었기에 싸움을 멈추고 반성하며, 주민 삼백 호가 사는 자기 영지로 돌아가 근신하면 화를 피할 수 있다고 한다.

육삼 효사는 "육삼은 옛 덕을 먹어 바르게 하면, 위태로우나 마침내 길할 것이니, 혹 왕의 일에 종사하는 기회가 있다 하더라도 이로움이 없다."라고 말하고 있다. 육삼은 부정위(不正位)이고 중(中)을 지나쳐서 자기 생각이 강한 교만한 성향을 지니고 있다. 그러나 육사는 강한 양자리에 유순한 음(⚋)이 왔기에, 상구의 양과 응(應)하여 싸우지 않는다. '옛 덕을 먹어'라는 것은 과거의 조상이 영지를 지켜내며 내린 덕을 이어간다는 것을 뜻한다. 더 깊게는 자기 분수를 지키고 성인의 진리를 간직하며 군자의 길을 걷는다는 의미도 담고 있다. 또 육삼은 제후의 자리로, 나랏일을 수행할 때 왕을 보좌하는 역할만 해야지, 자만하여 자신의 이름을 떨치려 해서는 안 된다고 강조하고 있다. 이 효사의 가르침은 겸양과 유순함으로 송사를 대하라는 것이다.

구사 효사는 "구사는 송사에 이길 수 없으니 되돌아가 올바른 명에 따라 송사하는 마음을 바꾸어서 편안하고 바르게 하면 길하다."라고 말하고 있다. 구사는 부정위(不正位)이고 중(中)을 얻지 못한 양효(ー)이다. 이 때문에 같은 양효(ー)인 구오와 친하지 못하고 다투려 하지만, 구오는 성인과 임금의 위치에 있는 대인이기에 구사는 순응한다. 따라서 지녀온 아집과 편견을 바꿔 진리의 길을 걸으면 송사에 올바르게 임하여 길하게 된다고 한 것이다.

구오 효사는 "구오는 소송에 크게 길하다."라고 말하고 있다. 이는 송괘에서 구오만 바른 자리에 있고 다른 다섯 효는 자리가 바르지 못함을 강조하는 것이다. 그래서 오직 구오만이 중정(中正)의 덕을 얻어 소송에서 재판을 주관할 수 있는 능력을 갖추고 있다. 구오는 타인과 갈등할 필요가 없으며 공정한 판단을 할 수 있는 대인이자 성인이다.

상구 효사는 "상구는 큰 띠(벼슬)를 받더라도 아침이 끝나기 전에 세 번 빼앗길 것이다."라고 말하고 있다. 상구는 매우 강한 양효(ー)로, 음의 위치에 양이 자리하고 중(中)도 지나쳐 교만한 성향을 지니고 있다. 겸양과 중정의 덕이 없는 상구는 불만과 불평으로 늘 남과 다툰다. 때로는 승리할 수 있지만, 이러한 승리는 권력과 무력으로 다른 이들을 굴복시키는 것일 뿐, 진정한 내적 만족을 가져다주지 못한다. 외적으로도 구오가 송사에서 승리한 후 논공행상에서 벼슬을 하사받지만, 그것은 응(應)의 관계에 있는 약한 육삼의 공을 난폭하게 빼앗은 것으로, 조회가 끝나기 전까지 세 번이나 벼슬을 빼앗길 운명에 처해있다는 것을 말하고 있다.

천수송괘는 송사가 발생하지 않도록 일을 시작할 때부터 세심하게 계획을 세우고 신중하게 처리하도록 권고하고 있는데, 이를 작사모시(作事謀始)라고 한다. 또 육효사를 통해 송사를 아무리 한다고 해도 결국에는 승리할 수 없다는 교훈을 전해주고 있다. 따라서 송사가 닥치면 자만심을 버리고, 성인의 진리와 지혜를 따라야 그 문제를 해결할 수 있다고 말하고 있다. 또 송사는 이긴다고 해도 상처뿐인 승리이고, 오히려 존경과 공경을 얻을 수 없다는 사실을 강조하고 있다. 따라서 송사 자체를 피하는 것이 더 현명한 선택이라는 교훈을 전해준다.

수천수괘는 기다림의 지혜에 대해 말하고 있다. 우리가 기다려야 하는 것은 하늘의 구름이 비로 변화하는 때이다. 비는 메마른 대지에 생명이 살아나게 하는 축복이다. 그러나 너무 많은 비는 재앙을 초래할 수 있으니, 범람하는 강에서 멀리 떨어진 안전한 곳에서 물이 빠져나갈 때를 기다려야 한다. 이는 어려운 상황에 부닥쳤을 때 제 생각을 고집하며 섣불리 행동할 것이 아니라, 진리에 대한 믿음으로 공부하면서 때를 기다리는 말이다. 그랬을 때 길하며 하늘의 은택을 얻을 수 있다는 것이다.

천수송괘는 대립과 갈등을 극복하고 소통과 상생을 추구하는 지혜에 대해 말하고 있다. 64괘에서 송괘는 수괘 다음에 오는데, 이는 하늘의 은택을 기다리는 동안 발생하는 갈등으로 해석할 수 있다. 누구나 하늘의 은택을 바라지만, 각자의 상황과 욕망에 따라 내려지는 은택의 양은 차이가 날 수밖에 없다. 그렇다 보니 갈등이 시작되는 것이다. 때를 기다리면 오게 되어 있는 은택을 제 능력인 양 착각하고, 서로 비교하고 더 많이 차지하려 아우성치니 은택이 다툼이 되는 것이다.

"하늘은 세상 만물에 인(仁)하지 않다."라는 말이 있다. 자연은 어떤 대상에게만 특별한 은택을 주지 않는다. 자연은 스스로 그러할 뿐이다. 하늘에서 내리는 비는 당연히 가뭄을 겪고 있는 농부들에게는 하늘의 은택처럼 느껴지겠지만, 비가 내리는 것은 특정한 누구를 위해서가 아니다. 단지 때가 되어 자연 스스로 그렇게 내릴 뿐이다. 문제는 그 비를 제 입장으로 해석하고, 자기 논에만 대려는 인간의 탐욕 때문에 상생하는 은택이 무너지고, 이웃 간의 갈등이 일어나는 것이다. 하늘은 결코 다툼을 만들지 않는다. 다툼은 우리가 만들고 있는데 어찌 하늘을 탓하는가.

2-5

땅속의 물과 땅위의 물

땅속의 물과 땅 위의 물

　비가 내리는 것은 하늘과 땅의 아름다운 만남이다. 하늘에서 비로 내려온 물은 땅 위에 떨어져 웅덩이를 만들거나 강을 따라 흐르며 바다로 향한다. 이렇게 하늘과 땅은 물을 매개로 서로 조화롭게 어우러진다. 물이 없는 땅은 딱딱하여 쉽게 부서지지만, 물과 결합한 땅은 부드러워져 서로 흩어지지 않는다. 물과 땅은 서로를 보완하면서 만물을 기르는 힘이 된다.

　땅으로 내려온 물 중에서 특별히 더 흙과 유대가 깊은 물도 있다. 이 물은 마치 어머니 품으로 들어와 안기는 것처럼 흙 속으로 스며드는데, 바로 지하수이다. 땅 위의 물과 땅속의 물, 이런 물을 보며 옛 성인들은 어떤 깨달음을 얻었을까? 〈주역〉의 지수사(地水師)괘와 수지비(水地比)괘를 통해 물과 땅의 조화로운 만남이 주는 가르침과 지혜를 살펴보자.

땅속의 물, 지수사(地水師)괘

상괘(上卦) 외괘(外卦)	땅(地):☷ 유순함			상육(上六)	국사	-
				육오(九五)	임금, 성인	중과 성인의 자리
				육사(六四)	고급관리(대신)	-
하괘(下卦) 내괘(內卦)	물(水):☵ 험난함			육삼(六三)	제후	-
				구이(九二)	초급 관리, 군자	중과 군자의 자리
				초육(初六)	천민, 백성	-

지수사(地水師)괘

    지수사(地水師)괘는 땅(☷, 地)이 위에 있고 ☵(물, 坎)이 아래에 있는 모습으로, 괘상은 지수(地水)이고 괘명은 사(師)괘이다. 사(師)는 '무리 사', '군사 사'로 사괘는 군사를 이끌고 나가는 전쟁의 조건과 그 논공행상에 대하여 말하고 있다. 이 괘는 험난함을 상징하는 물이 유순한 덕성을 가진 땅속에 있는 상이다. 지하수는 땅속에 모여 있는 많은 무리를 나타내는 것으로, 전쟁의 어려움을 뜻한다. 그러므로 사괘는 전쟁을 결정할 때는 땅의 유순함을 갖춰 모든 것을 포용하며, 하늘의 이치에 따라 신중해야 한다는 것을 말한다.

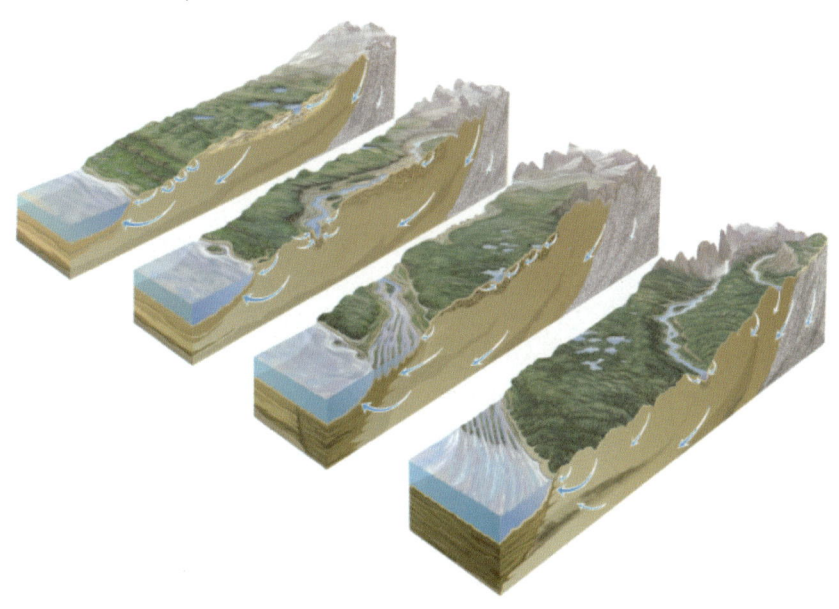

땅속의 물과 땅위의 물 (사진출처: USGS)

대상사와 괘사를 통해 전반적인 의미를 살펴보자. 지수사괘의 대상사는 "땅속에 물이 있는 것이 사(師)이니, 군자는 이를 보고 본받아서 백성을 포용하고 기른다(容民畜衆)."라고 말한다. 사괘는 땅속에 물이 많이 모여 있는 모습이다. 군자는 이것을 백성이 함께 모여 있는 것으로 해석하고, 마치 땅이 만물을 품듯이 어머니의 마음으로 그들을 대하고 잘 가르치라고 조언한다. 옛날에는 농사짓는 백성이 전쟁이 나면 병사가 되었다. 그러므로 백성을 잘 섬기고 양육하는 것이 곧 병력을 많이 확보하고 승리하는 비결인 것이다.

지수사괘의 괘사는 "사(師)는 바름을 지켜야 하니 장인(丈人, 빼어난 지혜와 덕을 가진 장수)이라야 길하고 허물이 없을 것이다."라고 말한다. 여기서 사(師)는 무리를 이끌고 전쟁하는 도를 말하는 것으로, 전쟁은 명분이 있는 정의로운 전투여야 한다는 뜻을 전하고 있다. 그래야 백성들이 기꺼이 힘을 합쳐 전쟁에 참여한다. 또 덕망이 있어 사람들의 존경을 받는 장수가 군사를 이끌어야 길하고 허물이 없다고 한다. 명분이 없고, 적절하지 못한 지도자가 이끄는 전쟁은 화를 가져오게 된다고 것이다.

이 괘사를 육효의 관계로 살펴보면, 양(—)인 구이가 나머지 다섯 음(--)을 거느리고 전쟁에 나가는 모습이다. 여기에서 구이는 장인(丈人)으로 언급된다. 즉 임금인 육오가 초급관리인 구이를 장수로 임명하고, 임금과 장수가 화합하여 전쟁을 이끈다는 의미로 해석된다.

지수사괘의 육효사는 주어진 상황에서 군사를 이끌어가는 지혜를 설명한다. 초육은 무리를 이끌고 전쟁에 나가는 첫 단계이다. 초육 효사는 "초육은 군대가 출정할 때는 군율로써 해야지, 그렇지 않으면 선하다 하더라도 흉하게 될 것이다."라고 말한다. 이는 전쟁을 시작할 때 군율을 세우지 않으면 전쟁에서 패할 것이고, 승리한다고 해도 원망을 사게 된다는 뜻이다. 초육은 자리가 바르지 못하고 중(中)도 얻지 못했으며, 나이가 어려 아직 공부와 수양이 필요한 위치에 있다. 육사와는 같은 음(--)이라 응(應)하지 못하고, 구이와 친한 이웃이나 신분이 미천하여 재능이 부족한 상황이다. 이런 사람을 장수로 쓴다면 말할 것도 없이 패한다. 따라서 처음부터 엄격한 군율을 세워 위계질서를 정하라고 강조하는 것이다. 엄격한 군율의 예시는 전쟁을 시작할 때 임금이 장수에게 칼을 내리며,

먼저 베고 나중에 보고하라는 선참후계(先斬後啓)의 막강한 권한을 주는 데서 볼 수 있다.

구이 효사는 "구이는 군사를 지휘하는 자리에 있으면서, 중도를 유지하면 길하고 허물이 없으니, 왕이 세 번이나 명을 내림이로다."라고 말한다. 구이는 괘사에서 언급된 장인으로, 빼어난 지혜와 덕을 가진 장수로서 가장 중요한 위치에 있다. 이 효는 부정위(不正位)지만, 양(—)의 강한 덕성을 가지고 있고 중용의 덕을 얻은 사람이다. 또 음양이 상응하는 육오 성인에게 깊은 신임을 얻고 장수로 임명되어, 자신을 믿고 따르는 나머지 음을 거느리고 전쟁에 나간다. 장수로 임명된 구이는 거만하지 않고, 성인의 진리에 따라 힘든 전쟁에서 승리하여 길하다고 한다. 이에 왕은 구이의 공을 칭찬하여 세 번이나 상을 내리는데, 이는 전쟁에서 승리로 만방을 포용한다는 의미로 해석된다.

육삼 효사는 "육삼은 군사가 혹 시체를 수레에 싣고 돌아오면 흉하리라."라고 말한다. 육삼은 부정위(不正位)하고 중(中)을 지나쳐, 교만하고 자기중심적으로 행동하는 경향이 있다. 여기에 상육과 응(應)하지도 못하고 이웃과 친비의 관계도 없으니, 어떤 도움도 받을 수 없는 고립된 상태이다. 이렇게 능력이 없는 사람을 장수로 임명하면 수레에 시신을 싣고 돌아오는 것과 같다고 경고하는 말이다. 전쟁을 치를 때는 구이처럼 중도를 지켜 하늘의 은총을 받고, 왕의 명을 세 번씩이나 받아 만방을 품는 훌륭한 장수가 있어야 한다. 육삼처럼 남의 충고를 듣지 않고 교만한 사람이 장수가 되었을 때는 전쟁에서 패배하고 흉하게 된다는 것이다.

육사 효사는 "육사는 군사가 후퇴하여 머무르면 허물이 없다."라고 말한다. 육사는 중(中)을 얻지 못하고, 불응(不應)과 불비(不比)로 누구의 도움도 받을 수 없는 덕이 아주 부족한 자리에 있다. 그러나 다행히 음자리에 음(--)이 와서 자리가 바르다. 따라서 부족한 자신을 알고 어려운 전쟁 상황에서 진퇴를 올바르게 파악할 수 있는 잠재력을 가지고 있다고 한다. 이 효사는 패배를 하는 것보다 적당한 때에 물러나 상황을 안정시키는 것이 허물이 없음을 강조한다.

　　육오 효사는 "육오는 밭에 새가 있으면(적이 침입하면) 말을 받드는 것이(전쟁의 명분을 세우는 것이) 이롭고 허물이 없다. 큰아들(군자)이 군사를 통솔해야지 작은아들(소인)에게 맡겨 시체를 수레에 싣고 온다면 정의로운 전쟁을 하더라도 패하여 흉할 것이다."라고 말한다. 육오는 양자리에 음(--)이 와서 자리가 바르지 않으나, 중(中)을 얻은 유순한 임금의 자리이다. 사괘의 괘사에서 언급했듯이 전쟁은 정의로워야 하고, 존경받는 장수가 있어야 한다는 점을 강조한다. 전쟁을 벌이는 사유와 장수를 임명하는 도에 관해 설명하는 것이다. 밭으로 비유한 나라의 영토에 침입한 적을 물리치는 것은 정의로운 전쟁이다. 이에 육오 임금은 상응하는 구이를 장수로 임명하여 군사를 지휘하고 만방을 포용하라고 명하여 승리를 이루게 한다. 그러나 육삼과 육사처럼 덕과 지혜가 없는 소인들에게 군사를 맡기면 아무리 바르게 하려고 해도 결국 패하여 흉하게 된다고 경고하고 있다.

　　상육 효사는 "상육은 큰 임금이 명을 내려 (제후로 봉하여) 나라를 개국하여 (경대부 벼슬을 주어) 집을 계승하게 하지만, 소인은 등용하지 말아야 한다."라고 말한다. 상육은 전쟁 후 공적에 따라 보상을 하는 위치로, 임금은 공적이 가장 큰 사람을 제후로 봉하여 나라를 세우게 하고, 다음으로 공적이 큰 사람에게 경이나 대부의 직책을 주어 신하로 삼는다는 논공행상의 원칙을 설명한다. 경대부는 세습하며 가문이 이어받는 자리이니, '집안을 계승한다'라고 하는 것이다. 그러나 덕이 부족한 소인에게는 공적이 있더라도 제후나 경대부의 직책을 주지 말고, 재물로 단순히 보상하라고 한다. 이는 소인에게 나라를 맡기면 반드시 이기적인 욕구가 드러나 나라를 다시 혼란스럽게 할 수 있다는 경고이다.

지수사괘는 땅속의 수많은 물과 같은 사람들을 이끌고 어려운 전쟁을 치러야 할 때 지켜야 할 전쟁의 조건과 공정하고 올바른 논공행상의 지혜를 전하고 있다. 전쟁의 조건은 두 가지로, 정의롭고 정당한 명분이 있어야 한다는 것과 훌륭한 지도자에게 책임을 맡겨야 한다는 것이다. 전쟁이 끝난 후 논공행상에서는 덕이 있는 군자는 제후로 인정하여 나라를 세우게 하거나, 경대부의 직무를 맡겨 가문을 이어가게 한다. 하지만 덕이 부족한 소인에게는 권력을 부여하지 말고, 재물로 보답하라고 권고하고 있다.

땅 위의 물, 수지비(水地比)괘

상괘(上卦) 외괘(外卦)	물(水): ☵ 험난함			상육(上六)	국사	-
				구오(九五)	임금, 성인	中과 성인의 자리
				육사(六四)	고급관리(대신)	-
하괘(下卦) 내괘(內卦)	땅(地): ☷ 유순함			육삼(六三)	제후	-
				육이(六二)	초급 관리, 군자	中과 군자의 자리
				초육(初六)	천민, 백성	-

수지비(水地比)괘

    수지비(水地比)괘는 지수사(地水師)괘의 상하가 뒤집힌 괘로, 사괘에서는 '전쟁'을 말하지만 비괘에서는 '화합'을 언급한다. 수지비(水地比)괘는 물이 위에 있고 땅이 아래에 있는 형태이다. 비(比)는 '친하다', '돕다', '친하게 돕다(親輔)', 친하게 사귀다(親比)' 등으로 다양하게 해석된다. 따라서 비괘는 물이 땅 위에서 머무르고 흐르는 것처럼 사람들 사이의 친밀함과 상호 도움을 나타내는 괘이다. 이는 성인과 군자 사이, 더 나아가 임금과 백성 사이에 적용되는 진리로 전쟁으로 인한 갈등을 해결하기 위한 해답을 담고 있다. 대상사와 괘사, 그리고 육효사를 통해 구체적인 내용을 알아보자.

물을 품은 땅

　수지비괘의 대상사는 "땅 위에 물이 있는 것이 비(比)이니, 선왕(先王)은 이를 본받아 만국을 세우고 제후와 친하게 지낸다."라고 말한다. 땅 위에 흐르는 물은 땅과 조금의 틈도 없이 하나가 되어 흐른다. 전쟁 이후 국가를 새롭게 건국한 선왕은 물과 땅이 친하게 어우러진 비괘의 상을 보고 제후들 전체와 친밀한 관계를 형성한다는 의미이다. 더 넓게 해석하면, 선왕은 비괘의 특성에 따라 모든 국민을 가깝게 돌보고, 천하를 잘 다스린다는 뜻이다.

　수지비괘의 괘사는 "비(比, 사람과 사람이 사귀고 화합하는 것)는 길하니,

이를 거듭하여 생각하고 영원히 바르게 하면 허물이 없을 것이다. 편안하지 않은 나라에서 일이 있고 난 후에 이제 겨우 (조정으로) 오니 늦게 오는 자는 흉할 것이다."라고 말한다. 비괘의 중심 효는 구오이다. 여기에서 구오만이 양(ㅡ)인 성인(임금)이고, 나머지 다섯 효는 음(⚋)으로 소인을 나타낸다. 그러므로 이 다섯 음효(⚋)는 물과 땅이 밀착되는 것처럼 성인과 서로 돕고 사귀어야 한다는 의미이다. 또 다섯 효가 다 성인의 길을 따르고 있으나, 뒤늦게 오면 흉할 수 있다는 의미도 담고 있다. 역사적인 사례로, 고대 중국의 순임금으로부터 선양을 받아 하나라를 세운 우임금이 백성들과 하나가 되기 위해 도산이라는 지역에서 제후들을 모으는데, 방풍이라는 제후가 늦게 와서 나중에 죽임을 당했다는 고사가 있다. 비괘는 임금이 백성을 자식처럼 사랑하면 백성도 임금을 부모처럼 섬긴다는 왕도정치의 원리를 담고 있다. 이때 구오는 임금을 상징하고, 나머지 다섯 음은 백성을 상징한다.

비괘의 육효사는 사람이 서로 돕는 것과 성인의 도와 사귀는 방법을 설명하고 있다. 첫 단계인 초육 효사는 "초육은 믿음(진실함)을 가지고 친해야 허물이 없으니, 믿음이 질그릇에 가득 차듯이 하면 마침내 다른 길함이 있을 것이다."라고 말한다. 초육은 부정위(不正位)이고 부중(不中)이며 육사와 응하지도 못하고 친한 이웃도 없는 아주 안 좋은 위치에 있다. 하지만 초육이 백성의 자리에서 질그릇같이 겸손하고 솔직한 마음으로 성인의 진리를 믿고 행동하면, 어려운 상황에도 불구하고 마침내 좋은 결과를 이루게 된다고 설명한다. 어려운 환경 속에서도 주변을 원망하지 않고 주변의 사람들과 친밀해지고 도울 때 뜻밖의 긍정적인 결과가 온다는 교훈이다.

육이 효사는 "육이는 안으로부터 친하게 도우니 바르게 해야 길하다."라고 말한다. 육이는 정위득중(正位得中)을 한 효로 유순한 중용의 덕을 지니고 있으며, 구오 성인(임금)과 상응하여 성인의 가르침을 받아들이고 실천한다. 여기서 중요한 점은 구오 성인과의 친밀함과 도움에 앞서 육이가 먼저 자신의 바른길을 유지하며 적절한 행동을 보여야 한다는 것이다. 육이 효사의 사례로는 탕 임금 시대에 중국 상나라를 세운 명재상 이윤의 이야기가 있다. 이윤은 시장에서 장사하며, 농사짓던 비천한 신분이었지만, 성인의 가르침을 따르고 실천했기 때문에 탕 임금에게 인정받고 등용되었다.

육삼 효사는 "육삼은 친하게 도우려 해도 그럴만한 사람이 아니다."라고 말한다. 육삼은 남의 조언을 듣지 않고 교만하여 흉이 있는 자리이다. 그는 중(中)을 지나치고 자리도 바르지 않아 비괘에서 대표적인 소인을 나타낸다. 또 주변에 친한 이웃도 없고, 상육과 상응하지도 못한 상황에서 억지로 누군가를 친밀하게 도우려고 하면, 오히려 흉을 당하여 상처를 받게 될 것이라고 한다. 육삼이 도우려는 상대는 그만큼 가치가 없는 사람이거나, 자만과 오만으로 가득 찬 사람이기 때문이다.

육사 효사는 "육사는 밖에서 친하게 도우니 마음을 바르게 하면 길하다."라고 말한다. 육사는 초육과 불응(不應)으로 도움을 받지 못해 외롭지만, 정위(正位)하고 구오 성인(임금)과 친한 비(比)로 이웃한다. '밖에서 친하게 도우니'는 구오가 돕는 것을 상징한다. 육사 역시 대신의 자리를 얻어 임금을 따르고 돕는다. 이 효사는 밖에 있는 현명한 사람을 도우며 따르면 길하다는 의미를 말하고 있다.

구오 효사는 "구오는 친함을 광명정대(光明正大)하게 드러내니, 왕이 (사냥할 때) 세 군데로 몰아가도 (앞의 한 군데를 터놓으니) 앞에 있는 짐승을 놓아주고, 읍(邑)의 사람이 경계하지 않으니 길하다."라고 말한다. 구오는 정위득중(正位得中)한 효로서, 중정의 덕을 가진 성인(임금)의 위치에 있다. 또 육이와 상응하고, 육사, 상육과도 친하니 모든 미덕을 다 갖춘 인물이다. 이 효사는 임금이 다섯 음을 대할 때, 공평하게 대우하고 편견 없이 행하는 친절한 마음을 강조한다. 또 왕이 사냥할 때 사용하는 삼구법(三驅法)에 대해서도 언급하는데, 이는 사방에서 짐승을 몰아 잡지 않고, 한 군데를 터놓아 짐승이 도망갈 수 있도록 하는 사냥법이다. 포위망으로 들어오는 짐승은 잡지만, 나가는 짐승은 놓아준다는 것이다. 이는 임금이 제후와 백성들과 친밀한 관계를 맺는 방식을 이야기하는 것으로, 도움을 원하는 자는 서로 돕지만, 싫어서 도망가는 자는 쫓아가지 않는다는 것의 비유이다. 오는 사람은 막지 않고, 가는 사람은 잡지 않는다는 통속적인 말과 비슷한 맥락으로 해석할 수 있다. 또 읍은 임금이 거주하는 도성으로, 백성들은 임금의 공정함을 알고 있기에 별도로 경계할 필요가 없어 길하다고 말한다.

상육 효사는 "상육은 친하려 해도 머리가 없으니 흉하다."라고 말한다. 상육은 구오와 친한 자리에 있지만, 임금보다 높은 자리인 비괘의 맨 위에 있어 자만심을 가지고 임금을 따르려 하지 않는다. '친하려 해도 머리가 없으니'는 도움을 주려고 하지만 소극적으로 행동하여 뒤처지는 모습을 말한다. 결국, 상육은 비괘의 최상위에 있지만, 사람들과 친밀한 관계를 형성하는 데 있어서 그 시작이 지연되어 화를 입게 된다는 의미이다.

　수지비괘의 가르침을 정리해보면, 사람과 사람이 사귀고 화합하는 것이 중요하며, 이를 마음에 새기고 영원히 바른길로 가라고 한다. 초육, 육이, 육사는 진실함과 믿음을 잃지 않으며 바른 도리를 지켰기에 길한 결과를 얻었다. 반면 육삼은 도움을 주려 하지만 사람이 없고, 상육은 도움을 주는 데 적극적이지 않고 뒤에 머물러 있어 흉하게 되었다. 구오는 임금의 위치에서 공평하고 친절하게 모든 사람을 도와주고 있기에 사람들이 경계하지 않아 길함을 끌어냈다.

　지수사괘와 수지비괘는 고대의 전쟁과 그로 인한 갈등의 해결 과정을 다루고 있지만, 시대를 건너와 현대의 우리 사회에도 적용될 수 소중한 지혜를 담고 있다. 정의로운 전쟁의 조건과 훌륭한 장수의 책임을 다루고 있는 사괘는 우리 사회에서 조직의 목표를 달성하기 위해 어떻게 해야 하는가를 생각해보게 한다. 목표가 정당할 것은 물론이고, 혈연이나 지연, 그리고 학연에 얽매이지 않는 지도자 선정의 중요성을 가르쳐 준다.
　비괘는 물질문명이 낳은 사회의 크고 작은 갈등들을 어떻게 해소할 수 있는가에 대한 교훈을 준다. 비괘에서 천하만국에 제후를 봉하고 제후와 친하게 지내라고 조언하는데, 이 '만국'을 우리 사회의 다양한 조직과 계층의 사람들로 재해석할 수 있다. 다양성을 인정하고 통합하는 공동체가 되어야 하며, 공정하고 평등한 사회가 될 때, 서로 화합할 수 있다는 말이다.

　땅속에서도, 땅 위에서도 물은 땅과 하나가 되어 어우러진다. 땅은 어머니처럼 물을 품어주고, 물은 자식처럼 땅에 밀착해서 땅을 따라 흐른다. 땅과 물의 그러한 화합은 온 세상에 생명을 키우고 사람들을 평화롭게 하는 하늘의 은혜인 것이다.

2-6

거듭된 물, 거듭된 시련이 주는 가르침

거듭된 물, 거듭된 시련이 주는 가르침

　우리는 항상 행복을 추구하지만, 때때로 고난과 어려움을 피할 수 없다. 하지만 우리를 힘들게 하는 이런 시련은 우리를 더 강하고 지혜롭게 성장시켜주는 소중한 기회를 주기도 한다. 그것이 시련의 긍정적 가치인 것이다. 우리가 시련을 극복해가는 과정이 성장이며 지혜이다. 따라서 행복과 고난은 동전의 양면처럼 존재하는 것이 진리임을 깨닫고, 행복을 믿으며 고난을 두려워하지 않는 마음가짐이 필요하다.

　역경을 겪는 개인과 민족에 대한 격려와 용기를 주는 글이 있으니 맹자의 〈고자장〉 하편 15장에 있는 다음의 말이다.

"하늘이 장차 그 사람에게 큰일을 맡기려고 하면 반드시 먼저 그 마음과 뜻을 괴롭게 하고, 근육과 뼈를 깎는 고통을 주고, 몸을 굶주리게 하고, 생활은 빈곤에 빠뜨리고, 하는 일마다 어지럽게 한다. 그 이유는 마음을 흔들어 참을성을 기르게 하기 위함이며, 지금까지 할 수 없었던 일을 할 수 있게 하기 위함이다."

맹자(孟子 : BC372~BC289)

맹자의 이 말은 우환의식(憂患意識)을 담고 있는데, 우환의식이란 이웃과 사회를 근심하고, 자신의 책임과 역할을 고민하는 지도자의 자세를 뜻한다. 중국 은나라 시대까지는 인간의 길흉화복이 신에 의해 결정된다는 사고가 지배적이었지만, 주나라 시대에 이르러 인간의 주체적 사고가 발전해

길흉화복 또한 인간의 책임이고, 인간이 해결할 수 있다고 여기게 된다. 이것이 우환의식으로 나타난 것이다. 맹자는 군자라면 마땅히 우환의식을 가지고, 시련과 고난을 극복해야 한다고 강조한다. 〈고자장〉의 말은 옛사람들에게 고난을 극복하게 하는 감분(感奮)의 메시지였다. 그래서인지 외딴곳에서 유배 생활을 하던 조선 시대의 선비들도 이 글을 벽에 걸어두고 자신에게 닥친 고난을 이겨냈다고 한다.

우환의식은 〈주역〉의 발생 배경이 되기도 했다. 〈주역〉은 문왕, 공자, 주자 등 여러 성현이 가진 우환의식의 결과물이며, 지혜와 가르침을 전달하는 경전이다. 〈주역〉은 우환에 대한 인간의 주체성과 책임감을 강조하고, 인간의 도덕적 수양과 사회적 발전을 목표로 한다. 이는 우환의 긍정적 의미로부터 우리의 삶을 재건하는 힘을 찾으라는 가르침이다.

〈주역〉에 담긴 우환의식을 잘 살펴볼 수 있는 것이 중수감(重水坎)괘이다. 이 괘에 등장하는 물에는 고난을 자기성찰의 배움으로 삼는 지혜가 담겨있다. 고난과 시련에 처했을 때 어떻게 행동해야 하는지, 중수감괘를 통해 살펴보자.

거듭된 시련의 물이 주는 가르침, 중수감(重水坎)괘

상괘(上卦) 외괘(外卦)	물(水):☵ 험난함			상육(上六)	국사	-
				구오(九五)	임금, 성인	中과 성인의 자리
				육사(六四)	고급관리(대신)	-
하괘(下卦) 내괘(內卦)	물(水):☵ 험난함			육삼(六三)	제후	-
				구이(九二)	초급 관리, 군자	中과 군자의 자리
				초육(初六)	천민, 백성	-

중수감(重水坎)괘

    중수감(重水坎)괘는 위도 물(☵, 坎)이고 아래도 물(☵, 坎)인 괘이다. 〈주역〉에서 물은 하늘의 은택과 험난함을 상징하는데, 여기에서는 험난함을 의미한다. 괘상은 물(水)이 거듭되었기(重) 때문에 중수(重水)이고, 괘명은 감(坎)이다. 감(坎)괘는 큰 강이 접쳐있는 상황을 의미하기도 하고, 물로 패인 구덩이에 거듭 빠지게 되는 상황을 의미하기도 하는데, 어떤 경우나 험난한 상황인 것은 마찬가지다. 상상해 보자. 홍수가 밀려오는 큰 강을 겨우 건넜는데, 또 다른 강이 펼쳐져 있다. 게다가 빠질 위험이 있는 커다란 구덩이가 연달아 나타난다. 이 상황에서 그냥 주저앉을 것인가, 아니면 어떻게 해서든 강과 구덩이를 헤쳐나갈 것인가. 강을 건넌다는 것은 자기가 사는 좁은 세상에서 벗어나 새로운 세상으로 나아가는 변화를 상징한다. 반면, 건너기를 포기하는 것은 좁은 세상에 있는 것, 즉 자신이 편견과 아집에 얽매어있다는 것을 상징한다. 지금의 고난이 두려워 아무것도 하지 않는다면, 그 고난은 더욱 커질 뿐이다. 감(坎)괘의 대상사와 괘사, 그리고 효사는 어떻게 험난함을 건너가야 하는가를 더 자세히 말하고 있다.

　중수감괘의 대상사는 "물이 거듭하여 밀려오는 것이 습감(習坎)이니, 군자는 이것을 본받아 항상 (자신의) 덕을 행하며, (백성을) 가르치는 일을 익힌다."라고 말한다. 물이 거듭되는 괘상을 대상사에서는 습감(習坎)으로 설명하는데, 연속된 난관을 나타내는 말이다. 습(習)은 '되풀이하다'라는 뜻과 '익힌다'라는 뜻이 있다. 새가 날개(羽)의 움직임을 계속 연습하여 날게 되듯이, 사람도 반복해서 배우고 익혀야 지혜를 얻을 수 있다는 교육의 원리를 담고 있다. 따라서 습감(習坎)은 고난도 거듭되면 그것으로부터 배우는 것이 있다는 의미일 것이다.

　습감(習坎)에는 군자가 깨달은 물의 덕성이 담겨있는데, 머물지 않고 계속 흐르는 물, 다투지 않고 겸손하게 낮은 곳으로 처하는 물, 만물을 포용하고 큰 바다에 이르는 물을 뜻하는 상선약수(上善若水)이다. 대상사는 이러한 물의 성실함을 본받아 거듭된 힘난함을 벗어날 방법과 지혜를 찾으라고 말한다.

　'항상 덕을 행하며'라는 것은 물로부터 상선(上善)의 덕을 얻어 덕행을 행하되, 그 덕행이 시간이 지나도 변함없이 이어지게 하라고 가르침이다. 또 '가르치는 일을 익힌다'는 개인적인 수양을 통해 가르치는 일을 반복하는 교육자의 역할을 말하는 것이다. 이는 배움의 반복적인 과정을 통해 어려움을 극복하고 큰 바다에 이르라는 조언이다.

　중수감괘의 괘사는 "습감(習坎)은 믿음이 있으면 오직 그 마음이 형통하니 행하면 숭상함이 있으리라."라고 말한다. 여기서 습감은 진퇴양난의 어려움을 상징하는 말로, 큰 홍수를 이겨내고도 또다시 물이 밀려오고, 절망의 구덩이에 거듭 빠져들게 되는 상황을 의미한다. 이런 역경에 처했을 때, 우리는 어떻게 해야 할까? 먼저 필요한 것은 곤경을 극복할 수 있다는 믿음이다. 그 믿음이 위기를 헤쳐 나가게 하여 결국에는 사람들의 숭상을 받을 수 있다고 한다. 정신없는 위기 속에서 성인의 말씀을 믿고 따를 수 있는 사람이 몇이나 되겠는가. 대부분 좌절하며 제 생각대로 행동할 것이다. 하지만 그것은 결코 위기를 벗어날 방법이 아니다. 어려울 때일수록 성인에 대한 믿음을 가지고 결연하게 행동해야 마음이 형통해지고, 마침내 그 어려움을 극복할 수 있다는 것이다. 정신을 차리면 하늘이 무너져도 솟아날 구멍이 있다는 말도 있지 않은가. 아무리 어려운 상황에서도 그것을 해결할 수 있다는 믿음과 희망을 잃지 말아야 한다는 뜻이다. 여기에서 믿음과 희망은 성인의 말씀일 것이다. 이것이 중수감괘의 괘사가 설명하는 어려움을 극복하는 지혜이다.

중수감괘의 육효사는 험난함을 벗어나는 방법과 그 원리를 설명하고 있다. 초육은 구덩이에서 벗어나기 위한 첫 단계이다. 초육 효사는 "초육은 거듭해서 깊은 구덩이 속으로 빠지는 것이니 흉하다."라고 말한다. 초육은 왜 구덩이 속으로 거듭 빠지는가? 그것은 믿음이 없기 때문이다. 믿음으로 마음을 다잡고 위험에서 헤쳐 나와야 하는데, 어리고 자리도 바르지 않은(不正位) 초육이 진리를 무시하고 자기 생각만 고집하니, 구덩이에 빠져나올 수 없는 것이다. 이는 매우 위험한 상황으로, 초육은 더 수양하고 자중해야 한다.

구이 효사는 "구이는 구덩이에 험한 바가 있으나 구하면 조금은 얻을 수 있다."라고 말한다. 양효(一)인 구이는 초육과 육삼이라는 두 음효(--)이 사이에 있다. 이는 습감의 험난한 때에 더욱 어려운 상황이라 할 수 있다. 하지만 구이는 중(中)을 얻어 중용의 덕이 있고 강한 양효(一)로서 물의 성실함을 가지고 있어, 험난함에서 완전히 벗어날 수는 없어도 구하고자 하는 것을 조금은 얻을 수 있다고 한다. 즉, 시련의 순간에 성인의 말씀에 대한 믿음을 가지고 바른 마음가짐을 유지하면, 조금이라도 성과를 얻을 수 있다는 말이다.

육삼 효사는 "육삼은 오고 감이 물구덩이뿐이며, 험한데 또 깊어서 더 깊은 구덩이에 빠짐이니 함부로 움직이지 마라."라고 말한다. 〈주역〉에서는 육효 중 삼효를 흉이 많은 배경을 가진 효로 여긴다. 왜냐하면 중(中)을 지나친 소인으로 다른 사람의 조언을 듣지 않고 자기 고집대로 하기 때문이다. 육삼은 초육과 함께 양효(一)인 구이를 구덩이 속에 빠뜨린다. 앞서 초육은 자기 마음대로 행동하여 구덩이 속의 구덩이에 빠지고 흉해졌는데, 육삼도 자리가 바르지 못하고(不正位) 중(中)도 지나쳐 도덕과 재능이 부족한 자리에서 진퇴양난에 빠져 있다. 이런 상황에서 함부로 움직이지 말라는 것은 성인의 말씀을 믿고 기다리라는 뜻이다. 그렇지 않고 자기 생각대로 행동하면, 기회가 오더라도 시련에서 벗어날 수 없다는 것이다.

육사 효사는 "육사는 한 동이의 술과 두 그릇의 음식을 질그릇에 담아 들창문으로 간략하게 드리면 허물이 없을 것이다."라고 말한다. 육사는 초육과 같은 음이라 짝이 될 수 없지만(不應), 임금인 구오와 친한 비(比)의 관계이다. 지금 나라 전체가 구덩이에 빠져 있는 어려운 상황에서 육사 효사는 그 해결책을 담고 있다. 어려움에서 나라를 구하기 위하여 임금인 구오와 신하인 육사가 형식과 절차를 생략하고 간략한 상차림으로 사심 없이 이야기를 나눈다는 의미이다. 신하가 궁궐로 들어가 절차에 따라 임금과 독대하는 것이 아니라 임금이 신하의 집으로 나와서 소박한 술과 안주를 간략하게 나눈다는 것을 '질그릇과 들창문에 드리는 것'으로 표현했다. 이는 허물이 없게 됨을 의미한다. 형식과 절차에 치우치다 문제의 본질을 파악하지 못하고 해결하지 못하는 사례가 많다. 오늘날에도 국가 지도자와 국민, 회사의 CEO와 직원 등 위계와 지위만을 강조한다면 생산적인 소통을 할 수 없을 것이다. 어려움에 맞서 서로 마음을 터놓고 지혜를 나누는 것의 중요함을 가르치는 효사이다.

구오 효사는 "구오는 구덩이에 물이 차지 아니하니, 이미 구덩이에 물이 가득 차서 지표면과 평평하게 이르면 허물이 없다."라고 말한다. 구오는 중(中)을 얻은 임금의 자리지만, 습감의 상황에서 험한 구덩이에 물이 차지 않은 상태이다. 이럴 때는 구오 혼자서 백성들을 이끌기 힘들다. 하지만 구오는 신하인 육사와 형식과 절차를 생략하고 간략한 자리에서 흉금을 터놓고 머리를 맞대니, 마침내 어려움에서 벗어날 해결책을 얻고 허물이 없다고 한 것이다. 이는 자신의 역량을 초과하는 고난 속에서도 구오가 믿음을 버리지 않고 초심을 유지했기 때문이다.

상육 효사는 "상육은 동아줄에 묶어서 가시덤불 속에 가두어 삼 년이 되도록 벗어나지 못하니 흉하다."라고 말한다. 상육은 오직 성인의 가르침에 대한 믿음으로 행해야 시련에서 벗어날 수 있다. 그런데 그 믿음을 동아줄로 꽁꽁 묶어 가시덤불 속의 감옥, 즉 소인의 길에 가두니 바른 길을 잃었기에 오랫동안 벗어나지 못해 흉하다고 하는 것이다.

이렇게 각 효는 구덩이에서 벗어나는 해법을 설명하고 있는데, 궁극적으로는 성인의 가르침을 믿고, 그것에 따라 결연히 행동하면 허물이 없고 시련을 극복한다는 것을 말하고 있다. 초육처럼 자기의 생각대로 행동하거나, 상육처럼 소인의 길을 간다면 오랜 세월이 지나도 구덩이에서 벗어날 수 없다.

중수감괘는 고난을 담담하게 받아들이는 것도 배움의 과정이라는 것을 가르친다. 하지만 그것을 받아들일 때는 좌절이 아닌, 자기 수양의 자세를 가져야 한다. 시련은 자신의 부족함에서 오는 것임을 깨닫고 더욱 익히고 공부해 자기를 완성해 나가야 한다. 또 바른 길을 걸으면 언젠가는 반드시 위기를 극복하고 행복해질 수 있다는 믿음을 가져야 한다. 이것이 성인들의 경전에 담아 전하는 지혜이다. 시련 없는 삶은 있을 수 없다. 하지만 그 시련이 우리를 단련시키고 더 성장하게 만들 수 있다면 마냥 시련만은 아닐 것이다. 물은 거듭해서 오는 홍수로, 구덩이 속의 구덩이로 우리를 가르친다.

2-7

흩어짐과 모임의 진리, 우물과 파동의 물

흩어짐과 모임의 진리, 우물과 파동의 물

　우리의 삶은 모임과 흩어짐의 연속으로 이루어진다. 모이면 흩어지고, 흩어지면 다시 모인다. 우리의 일상만 봐도 그렇다. 사회적 존재로 살아가는 우리는 공동체로 모여 함께 일하다가, 개별적으로 흩어져 휴식을 취하고, 이내 다시 모인다. 광장과 내실의 공존, 공적인 삶과 사적인 삶의 공존이 우리의 살아가는 모습이다.

　하나의 중심에서 사방으로 퍼져나갔다가 다시 모이는 이미지를 가진 물이 있다. 바로 우물이다. 옛날의 마을은 우물을 중심으로 형성되었다. 우물은 생명의 근원이자 소통의 장이었다. 또 목마른 사람이면 누구라도 물을 퍼마실 수 있는 우물은 마치 온 세상에 덕을 베푸는 모습을 연상시키기도 한다. 그래서인지 성인들은 세상의 어려움을 함께 극복해가는 화합의 근원을 우물의 역할에서 찾았다.

  우물에서 목마름을 해결한 사람들은 다시 사방으로 흩어져 자신의 자리로 돌아간다. 바람이 물 위에 파장을 일으켜 물결이 사방으로 흩어지는 것처럼 말이다. 하지만 그 물결은 하나의 동심원에서 출발한 것으로 언젠가는 다시 중심을 향해 돌아올 것이다. 우물에서 퍼져나가는 것은 진리의 목소리일 수도 있지만, 나쁜 질병과 흉흉한 소문일 수도 있다. 하지만 그것이 무엇이건 세상으로 나아갔다가 다시 돌아올 때는 마음을 다시 모을 수 있는 에너지가 된다. 이런 확산과 수렴의 에너지가 융합되어 고난을 극복하고 삶을 지속해가는 지혜가 되는 것이다.

  〈주역〉의 수풍정(水風井)괘와 풍수환(風水渙)괘는 우물을 중심으로 살아가는 우리의 삶을 통해 모임과 흩어짐의 지혜를 담고 있다. 수풍정괘가 우물에 모였다 흩어지는 사람들의 흐름을 보여준다면, 풍수환괘는 흩어져 다양한 경험을 쌓은 사람들이 성장하여 다시 우물로 돌아오는 모습을 담고 있다. 이것은 우리의 인생과도 연결될 수 있다. 수풍정괘가 진리의 물을 마시고 덕을 키우는 과정이라면, 풍수환괘는 새로운 세계로 나가 다양한 경험을 통해 자아를 발전시키는 과정이다. 이 두 가지 괘를 통해 우리는 삶에 흐르는 모임과 흩어짐의 진정한 의미를 생각해볼 수 있을 것이다.

  〈주역〉의 수풍정(水風井)괘와 풍수환(風水渙)괘는 우물을 중심으로 살아가는 우리의 삶을 통해 모임과 흩어짐의 지혜를 담고 있다. 수풍정괘가 우물에 모였다 흩어지는 사람들의 흐름을 보여준다면, 풍수환괘는 흩어져 다양한 경험을 쌓은 사람들이 성장하여 다시 우물로 돌아오는 모습을 담고 있다. 이것은 우리의 인생과도 연결될 수 있다. 수풍정괘가 진리의 물을 마시고 덕을 키우는 과정이라면, 풍수환괘는 새로운 세계로 나가 다양한 경험을 통해 자아를 발전시키는 과정이다. 이 두 가지 괘를 통해 우리는 삶에 흐르는 모임과 흩어짐의 진정한 의미를 생각해볼 수 있을 것이다.

진리를 나누는 물 수풍정(水風井)괘

상괘(上卦) 외괘(外卦)	물(水):☵ 은택,험난함			상육(上六)	국사	-
				구오(九五)	임금, 성인	中과 성인의 자리
				육사(六四)	고급관리(대신)	-
하괘(下卦) 내괘(內卦)	바람(風):☴ 나무(木), 들어감(入)			구삼(九三)	제후	-
				구이(九二)	초급 관리, 군자	中과 군자의 자리
				초육(初六)	천민, 백성	-

수풍정(水風井)괘

수풍정(水風井)괘는 위에 물(☵, 坎)이 있고 아래는 바람(☴, 巽)이 있는 모습으로, 괘상은 수풍(水風)이며, 괘명은 우물을 뜻하는 정(井)이다. 〈주역〉에서 물(水)은 하늘의 은택이거나 험난함을 상징하며, 바람(風)은 하늘의 섭리, 들어감(入), 겸손(巽), 나무(木) 등을 상징한다. 이렇게 다양한 뜻이 있지만, 수풍정괘에서는 하늘의 은택을 상징하는 물과 하늘의 섭리를 의미하는 바람이 사용된다. 옛날의 우물은 땅속에 나무로 만든 정(井)자와 같은 형태를 묻고 돌을 쌓아 올려 만들었다. 나무를 상징하는 바람은 들어감을 의미하여 정괘는 우물 속으로 나무가 들어간 형상이다. 이는 하늘의 섭리가 우물 속으로 들어가 있어, 이 물을 길어 먹는다는 것은 하늘의 은택인 진리를 얻는 것을 의미한다.

우물은 새로운 물이 계속 솟아나기 때문에 사람들이 아무리 퍼먹어도 그 물이 줄지 않는다. 또 비가 많이 와도 늘지 않고, 가뭄이 들어도 줄지 않으며 늘 일정한 물의 양을 유지한다. 우물이 중용의 상징인 것은 바로 이런 특징 때문일 것이다. 수풍정괘에서 우물의 물은 진리를 상징한다. 그런데 우물의 물은 나무로 만든 두레박으로 떠서 마신다. 나무는 농기구, 생활용품, 배, 노 등을 만드는 데 사용되었는데, 옛사람들은 나무가 성인의 진리와 같은 이로움을 준다고 하여 목도(木道)라고 여겼다. 그러므로 사람들이 오가며 우물의 물을 마신다는 것은 목도(木道)로 진리를 길러 올려 널리 퍼트리는 것으로 해석될 수 있다.

증평읍 말세우물(사진출처 : 증평군청)

위의 사진은 증평읍에 있는 '말세우물'인데, '말세우물'이라는 이름은 "우물이 세 번 넘치면 말세가 온다."라는 뜻이 담겨있다. 버드나무로 만든 정(井)자형의 틀 위에 석축을 쌓아 올린 조선 시대의 우물 형태가 오랜 세월 잘 보존된 우물이다. 이 우물에는 다음과 같은 전설이 전해지고 있다. 옛날에 마을을 지나가던 노승이 물을 달라고 부탁을 하니, 한 아낙네가 10리 밖까지 가서 물을 떠 와 대접했다고 한다. 이에 감복한 노인은 마을에 우물터를 정해주었는데, "이곳에 우물을 파면 겨울에는 따뜻한 물이 솟을 것이고, 여름에는 시원한 물이 나올 것이다. 또 가물거나 장마가 져도 물이 줄거나 넘치지 않겠지만 세 번 넘치는 날에는 말세가 온다. 그럴 때는 마을을 떠나야 한다."라는 말을 남기고 사라졌다고 한다. 이런 전설 때문인지 후대의 사람들은 우물이 넘치지 않도록 세심하게 관리하고, 영구 보존을 위한 유지보수를 해 오고 있다. 1947년에 우물의 석축을 부분적으로 보수했고, 1996년에 목재 귀틀 난간을 대리석으로 교체하였고, 2007년에 상층부 우물 석축을 내로 쌓고 난간은 원래 모습이었던 방부목 귀틀로 복원하였다. 또 마을에서는 매년 정월 대보름과 칠월칠석을 전후하여 두 번의 우물 청소를 하고, 물이 넘치지 않기를 바라는 제사를 지낸다. 이 때문에 '말세우물'은 외부 사람들이 끊임없이 찾아오는 명소가 되어, 마을의 자랑이자 지역을 대표하는 관광지로 성장했다고 한다. '말세우물'은 우물을 잘 관리해 많은 사람과 그 물을 나눈다는 수풍정괘의 의미를 보여주는 사례라고 할 수 있다.

수풍정괘의 대상사, 괘사, 육효사에 담겨있는 가르침을 살펴보자. 군자가 지켜야 할 실천 덕목을 말하고 있는 대상사는 "나무 위에 물이 있는 것이 정(井)이니 군자가 이것을 본받아서 백성을 위로하고 서로 돕기를 권한다."라고 말한다. 여기에서 나무는 바람의 상징으로 '나무 위에 물이 있는 것'은 바람 위에 물이 있는 것이다. 이는 물의 밑바닥에 나무가 있는 것이 정(井)이니, 목도로 만든 두레박으로 물을 퍼 올려 오가는 사람들과 그 진리를 나누어야 함을 암시한다. 물이 만물에 생명을 주듯이, 진리가 사람들을 기른다는 의미이다. 따라서 군자는 우물을 끌어 올려 사람들과 나누는 것처럼, 백성들을 위로하고 기르며, 고난을 이겨내도록 격려해야 한다는 것을 알려주고 있다.

수풍정괘의 괘사는 "정(井)은 고을은 바꾸어도 우물은 바꿀 수 없는 것이다. 우물의 물은 줄어들지도 늘어나지도 않으며, 오고 가는 사람이 우물의 물을 먹는다. 거의 이르더라도 아직 두레박줄을 우물에 넣어 물을 길지 못하였는데 그 두레박을 깨면 흉하다."라고 말한다. "고을을 바꾸어도 우물은 바꿀 수 없다."라는 것은 사람들이 거주지를 옮길 수 있지만, 우물은 일단 파고 나면 옮길 수 없다는 뜻이다. 이는 고을의 제도는 바뀔 수 있지만, 진리의 이치는 고칠 수 없다는 뜻으로, 진리를 확산하는 우물이 가진 덕은 변하지 않음을 의미한다.

또 "우물의 물은 줄어들지도 늘어나지도 않으며, 오가는 사람이 우물의 물을 먹는다."라는 말은 물을 먹을수록 새로 계속 솟아난다는 말이다. 이는 사랑과 진리는 나눌수록 그 가치가 더 커진다는 것을 나타낸다. 이것이 수풍정괘가 가지고 있는 성정이다.

"거의 이르더라도 아직 두레박줄을 우물에 넣어 물을 길지 못하였는데 그 두레박을 깨면 흉하다."라는 말은 두레박을 우물에 넣었지만, 줄이

짧아 물을 퍼 올리지도 못하고 오히려 두레박이 깨진 상황을 말한다. 이는 성공이 거의 눈앞에 왔음에도 일관된 덕이 부족하여 고난에서 벗어나지 못함을 의미한다. 그래서 대상사에서 고난을 극복하기 위해서는 우물의 물로 사람을 기르고, 그들의 노고를 위로하고, 서로 부지런함을 권하여 힘쓰게 해야 한다고 말한 것이다.

수풍정괘의 육효사는 하늘의 섭리를 통해 어떻게 고난을 헤쳐갈 수 있는지를 설명하고 있다. 초육은 우물의 물을 길어 올리기 위한 첫 단계이다. 초육 효사는 "초육은 우물에 진흙이 있어 먹지 못하니 오래된 우물에는 새도 없다."라고 말한다. 오래된 우물에는 진흙만 쌓여있어 물을 올리기도 어렵고, 새도 목을 축이지 못할 만큼 물도 거의 없는데, 조금 있는 물마저도 썩어있는 상황이다. 여기서 새는 성인의 진리를 전하는 하늘의 천사를 비유하고, 우물이 폐정되어 생명수 역할을 하지 못함은 진리를 확신할 수 없다는 것을 나타낸다. 효의 위치로 보면, 초육은 양자리에 음(--)이 와서 부정위(不正位)하기에 버려진 우물로 비유되는 것이다. 앞서 대상사에서 고을은 바꿀 수 있지만, 우물은 바꿀 수 없다고 했다. 이는 고난에 처한 백성을 위해 잘못된 제도는 변경할 수 있지만, 진리의 물을 서로 나누어 덕을 쌓는다는 원칙은 바꿀 수 없다는 말이었다. 그런데 초육은 성찰이 부족하고 소인의 아집과 편견으로 진리의 물을 관리하지 못하고, 우물을 폐정으로 만들었다. 즉 문제를 해결해야 할 중요한 때에 적절한 대응을 하지 못했다는 것이다.

구이 효사는 "구이는 우물에서 물이 새어 나오는 구멍이라 붕어에게만

댈 수 있고 두레박이 깨져 샌다."라고 말한다. 우물은 사람들을 기르는 중요한 역할을 한다. 그러나 구이는 물이 나오기는 하지만 그 양이 겨우 붕어에게만 줄 수 있는 정도이고, 그나마 두레박이 깨져 우물의 역할을 제대로 수행하지 못하는 상황이다. 구이는 양(—)으로 중(中)을 얻어 사람을 기르거나 만물을 구제할 수 있는 중요한 역할을 할 수 있지만, 구오가 같은 양(—)으로 서로 응(應)하지 못하니 도와줄 사람이 없어 현재 상황이 안 좋은 것이다. 이는 국가나 사회에 공헌할 수 있는 능력은 있지만, 그 능력을 활용할 수 있는 플랫폼이 없거나, 인정받지 못하여 쓰임새가 없는 경우이다. 그러나 만약 구이를 도와줄 사람이 있다면, 두레박으로 물을 길어 올려 우물의 역할을 충분히 할 수 있을 것이다.

구삼 효사는 "구삼은 우물이 깨끗한데도 먹지 않아 사람들이 마음속으로 슬퍼하니 가히 물을 길어 쓸 수 있으니 왕이 현명하면 함께 복을 받을 것이다."라고 말한다. "우물이 깨끗한데도 먹지 않는다."라는 말은 우물이 청소되어 물이 깨끗한데도 여전히 물을 사용하거나 마시는 사람이 없다는 의미이다. 구삼은 정위(正位)이고 상육과 상응하여 재능을 가지고 있지만, 상육이 약해 도움을 주지 못하니 구삼은 능력을 발휘할 기회를 얻지 못하고 있다. 이로 인해 사람들은 그런 상황을 안타까워한다. 이는 도학적으로는 진리가 외면당하는 것에 대한 슬픔을 표현하는 것이고, 인간적으로는 구오 임금이 중용해주지 않음에 대한 구삼의 슬픔을 나타내는 것으로 볼 수 있다. 만약 임금이 현명하다면, 초야에 묻혀있는 구삼과 같은 어진 인재를 발견하여 그 재능을 인정하고 활용해, 진리가 널리 퍼지도록 도와주면서 함께 복을 받는다고 한다.

육사 효사는 "육사는 우물을 수리하면 허물이 없을 것이다."라고 말한다. 육사는 약한 음(--)의 성정을 가지고 있어 우물의 물을 길어 올릴 수는 없다. 하지만 바른 자리(正位)에 있으므로 앞으로의 어려움에 대비하여 우물을 수리하여 허물을 면할 수 있다. 이를 인간사에 적용하면 겸손하게 자기 위치를 잘 지키고 부족한 점을 개선하면서 수양해야 할 때라고 한다. 이 효사의 근본적인 의미는 덕을 기르고 자기를 성찰하여 성장하라는 것이다.

　구오 효사는 "구오는 우물의 물이 맑아 찬 샘물을 먹는다."라고 말한다. 구삼에서는 먹지 않았던 우물을 육사에서 수리하니 이제 구오에서는 시원하고 맑은 샘물을 마실 수 있게 되었다. 이것은 구오가 중정(中正)한 임금의 자리에서 맑고 시원한 진리의 샘물을 오가는 사람들에게 먹여 세상을 이롭게 만든다는 의미이다. 이로써 군자의 인격적인 영양소인 성인의 진리가 사방에 전파된다는 것을 말하고 있다.

　상육 효사는 "상육은 우물의 물을 길어내고 뚜껑을 절대 덮지 말고 누구나 물을 길어 사용할 수 있다는 진실한 믿음이 있어서 길하다."라고 말한다. 우물의 뚜껑을 덮지 않고 누구나 조건 없이 물을 나눈다는 것은 진리를 확산한다는 것을 의미한다. '진실한 믿음'은 우물에서 나오는 물은 끊임이 없어서 아무리 오랫동안 사용해도 결코 줄거나 늘지 않는다는 것을 말한다. 이렇게 진리가 널리 퍼져나가니 백성과 유능한 인재로부터 믿음을 얻어 수풍정괘의 도가 크게 성공한다는 것이다.

수풍정괘는 국가나 사회가 어려운 시기에 필요한 지혜를 말하고 있다. 그것은 진리를 널리 퍼트려 인재를 발굴하고 등용하여 난세를 극복하라는 것이다. 우물에서 물을 길어 올려 여러 사람에게 마시게 함은 진리를 확산해 인재를 등용하고 활용하는 것의 비유이다. "우물을 한 번 수리하면 오래된 우물이 새로운 우물이 되고, 덕을 한번 닦으면 오래된 학문에 새로운 공(功)이 생긴다. 우물을 수리하지 않는 것은 우물의 허물이다."라는 말이 있다. 이는 중국 송나라 때 양만리가 한 말로, 정치나 학문을 새로 정비하는 것을 우물의 원리에 비유한 것이다. '말세우물'이 오늘날까지 보전되어 많은 사람이 모이는 것도 이와 같은 원리가 작용한 결과가 아니겠는가.

진리의 파동이 일어나는 물, 풍수환(風水渙)괘

상괘(上卦) 외괘(外卦)	바람(風):≡≡ 나무(木), 들어감(入)	▬▬▬▬▬	상구(上九)	국사	-
		▬▬▬▬▬	구오(九五)	임금, 성인	中과 성인의 자리
		▬▬ ▬▬	육사(六四)	고급관리(대신)	-
하괘(下卦) 내괘(內卦)	물(水):≡≡ 은택,험난함	▬▬ ▬▬	육삼(六三)	제후	-
		▬▬▬▬▬	구이(九二)	초급 관리, 군자	中과 군자의 자리
		▬▬ ▬▬	초육(初六)	천민, 백성	-

풍수환(風水渙)괘

풍수환(風水渙)괘는 위에 바람(≡≡, 巽)이 있고 아래에 물(≡≡, 坎)이 있는 모습으로, 괘상은 풍수(風水)이고 괘명은 환(渙)이다. '환(渙)'은

'흩어지다'라는 뜻을 가진 글자로 '이산(離散)', '해산(解散)' 등을 의미한다. 바람이 물 위에 불면 물결이 일어나 흩어진다. 풍수환괘에서 바람은 하늘의 섭리를 상징하고, 물은 하늘의 은택과 험난함이라는 두 가지 의미를 상징한다. 이는 하늘은 바람을 통해 은택인 진리를 퍼트리지만, 동시에 험난함도 일으켜 환난을 초래할 수도 있다는 의미를 내포한다. 여기에서 환난은 백성들의 마음이 흩트려진다는 것이다. 결국, 풍수환괘는 하늘의 섭리를 통해 환난을 극복하고 진리를 확산시키는 지혜를 말하고 있다. 환난을 극복한다는 것은 험난한 큰 내를 건너는 것과 같다. 그렇다면 그 커다란 내를 어떻게 건널 것인가? 바람은 나무의 상징이며, 나무는 목도(木道)로 하늘의 섭리를 담는다. 그러므로 바람이 물 위로 통과하는 환괘는 나무로 만든 배를 타고 하늘의 섭리를 따라 험난한 강을 건넌다는 비유인 것이다.

바람에 이는 물결

풍수환괘의 대상사는 "바람이 물 위에 가는 것이 환(渙)이니, 선왕(先王)은 이를 본받아 상제에게 제사를 올리고 종묘를 세운다."라고 말한다. 환괘는 바람으로 인해 물결의 파장이 흩어지는 모습이다. 새 문명의 창조자인 선왕은 이 모습에 흩어지고 다시 모이는 민심의 이치가 있음을 깨닫고, 종묘를 세우고 상제에게 제사를 지낸다고 한다. 종묘를 세워 제사를 지내는 것은 흩어진 민심을 모으고 단결시키려는 의도이다. 고대에 나라 제사는 천자만이 지낼 수 있었기에 이는 선왕이 하늘의 섭리를 따르는 천자의 위치에 있다는 상징이다. 그런 선왕이 진리를 확산하여 백성들의 마음을 수습해야 한다는 것을 말하고 있다.

풍수환괘의 괘사는 "환(渙)은 형통하니 왕이 종묘에 이르며, 큰 내를 건너는 것이 이로우니 바르게 하면 이롭다."라고 말한다. 환괘의 상황은 큰 내를 건너야 하는데 민심이 흩어져서 건널 수 없는 어려움을 겪는 때이다. 그런데도 환(渙)은 형통하다고 한다. 이는 결과를 먼저 말한 것으로, 현재는 흩어진 상황이지만 다시 민심을 모아 큰 내를 건널 수 있다는 말이다. 그렇다면 어떻게 흩어진 민심을 모았을까? 왕이 종묘에 이르렀기 때문이다. 종묘는 나라에 큰일이 있을 때 제사를 지내 조상에게 도움을 청하는 곳으로, 종족과 국가 의식을 되살려 사람들의 마음을 모으는 데 도움을 준다. 또 왕이 종묘에 이르는 것은 하늘을 섬긴다는 것으로, 성인의 진리를 숭상한다는 의미도 담고 있다. 이렇게 종묘를 통하여 민심을 모으고 진리를 확산하여 험난한 큰 내를 건널 수 있게 되니 형통하다는 것이다. 그러나 여기에는 조건이 있다. 큰 내를 건너는 것이 오직 자신의 공이라는 교만함을 경계해야 한다는 것이다. 그래서 큰 내를 건넌 후에도 바르게 해야 이로움을 얻을 수 있다고 말한다.

　풍수환괘의 육효사는 하늘의 섭리로 환난을 극복하고 진리를 확산하는 것에 관해 설명한다. 초육 효사는 "초육은 건장한 말을 써서 구원하니 길하다."라고 말한다. 초육은 환(渙)의 첫 단계로, 흩어짐이 막 시작되어 구제하기 좋은 때이다. 하지만 초육은 수양이 부족한 어린아이고, 육사와 상응하지 못해 도움을 받지도 못하니 이 흩어짐을 구원하기에 역부족이다. 하지만 다행히 중(中)을 얻어 진리를 따르는 구이와 친한 이웃이다. 사람이 건장한 말의 힘을 빌려 멀리 이르는 것은 진리를 확산하는 뜻으로, 구이는 씩씩한 말을 상징한다. 초육이 구이에 순종하여 흩어짐을 구원할 수 있으니 길하다고 한 것이다. 초육은 어려운 상황에서 자기의 부족한 생각을 버리고 하늘의 진리를 따르는 덕과 재능이 있는 사람의 조력을 받아야 함을 말하고 있다.

　구이 효사는 "구이는 흩어지는 때이니 몸을 기댈 수 있는 궤(机)로 달려가면 후회가 없다."라고 말한다. 여기에서 흩어짐은 민심의 흩어짐이다. 이 흩어짐의 환난을 막기 위해서 궤(机)로 달려가 의지하라고 한다. 궤는 나무로 만든 의자나 탁자를 말하는 것으로, 나무는 진리를 상징한다. 그러므로 어려운 시기에 진리에 의지하면 편안하고 후회가 없다는 것을 비유하는 말이다. 구이와 초육은 부정위(不正位)하고, 각각 상응하는 효도 없지만, 이 둘은 서로 친한 비(比)의 관계이다. 초육은 구이가 달려갈 궤인 것이다. 그러므로 초육의 입장에서 구이는 의지할 수 있는 말이고, 구이의 관점에서 초육은 편안하게 기댈 수 있는 의자이기에

서로 협력한다면 원하는 것을 얻고 환난을 극복할 수 있어 길하다고 한다.

육삼 효사는 "육삼은 자기의 사사로움을 흩어지게 하니 후회가 없을 것이다."라고 말한다. 육삼은 자리가 바르지 않아(不正位) 마음에 사사로움이 있다. 즉 욕심, 사심, 탐욕이 있다는 것이다. 그러므로 상구와 상응하여 자신을 수양하고, 진리에 겸손하면 후회함이 없다고 말한다.

육사 효사는 "육사는 무리의 사사로움을 흩어버리니 크게 길하다. 작은 무리를 흩어서 언덕같이 큰 무리를 만드는 것은 보통 사람들이 할 수 있는 것은 아니다"라고 말한다. '무리의 사사로움'이란 붕당(朋黨)의 탐욕과 사심을 말하는 것으로, 이는 육삼의 '자기의 사사로움'보다 그 범주가 매우 크다. 무리 전체가 독선, 편견, 아집, 교만에 사로잡혀 있는 것이다. '언덕'은 진리를 자각한 군자가 머물러야 하는 터전으로, '언덕같이 큰 무리를 만드는 것'은 진리를 자각하여 자기의 사사로움을 버린 사람들을 이끌고 그 언덕으로 간다는 것이다. 이 말은 도덕적으로 완전한 사회를 건설한다는 말로도 해석할 수 있을 것이다. 군자가 생각하는 진정한 삶의 의미와 가치는 평범한 사람들이 생각하는 것과 다르다. 보통 사람들은 물욕, 권력욕, 명예욕 등에 사로잡혀 있다. 하지만 군자는 이런 사사로운 탐욕을 내려놓고 삶의 진정한 의미를 찾고, 그 의미를 자각하려 노력한다. 그래서 언덕같이 큰 무리를 만드는 것은 보통 사람들이 할 수 있는 것이 아니라고 말한다.

구오 효사는 "구오는 흩어지는 때에 크게 부르짖어 땀나듯이 하면,

흩어짐에 왕이 거함이라 허물이 없을 것이다."라고 말한다. 구오는 정위(正位)이고 중(中)을 얻은 임금의 자리다. 현재는 환난의 시기로 민심이 완전히 흩어져 있어, 구오 임금은 민심을 하나로 모으기 위해 온 힘을 다해 호소하고 있다. 이런 모습을 '땀나듯이'라고 표현한다. 구오는 환난의 때에 부르짖음으로 허물이 없다는 것이다. 또 '왕이 거함'은 구오 임금이 성인의 진리와 중정(中正)의 도에 머물러 있음을 의미하고 그렇기에 세상을 바르게 이끈다는 뜻이다.

상구 효사는 "상구는 그 피를 흩어버리고 두려운 곳에서 벗어나면 허물이 없다."라고 말한다. 피는 소인지도(小人之道)의 상징이다. 상구와 상응의 관계인 육삼은 음효(--)로 소인의 도를 가졌으므로 삼구는 이를 조심해야 한다. 그래서 상구가 진리를 확산하여 소인지도를 버리게 하고, 한마음으로 모이게 하여 환난의 두려움에서 벗어나면 허물이 없다고 말한다.

풍수환괘가 말하는 환난 극복과 진리 확산의 지혜는 나의 사사로움을 내려놓고, 집단의 사사로움을 내 놓는 것이다. 또 온 힘을 다해 진리를 확산하여 흩어진 민심을 다시 하나로 모으는 것이다. 그래야만 소인의 도라는 나쁜 피를 제거할 수 있다. 이는 성인의 진리를 숭상하는 것으로, 그렇게 함으로써 허물이 없게 되고 크게 길할 수 있다는 것이다.

2-8

연못이 마르고 넘치는 고난의 물

연못이 마르고 넘치는 고난의 물

　제철 농산물이라는 인식이 사라지고 있다. 여름 과일인 딸기와 참외는 이제는 여름만의 전유물이 아니고 상추, 고추, 깻잎, 토마토 등도 계절에 상관없이 언제나 값싸게 먹을 수 있다. 제철 농산물 대신 사시사철 농산물이라는 말이 더 어울려 보인다. 이는 비닐하우스 시설로 작물에 필요한 온도를 유지할 수 있는 기술 때문이기도 하지만, 더 중요한 것은 일년 내내 물을 쓸 수 있는 환경이 조성되었기 때문이다. 아무리 농사기술이 발달하더라도 물은 예나 지금이나 농사에서 가장 중요한 자연환경이다. 지금도 가뭄이나 홍수가 닥치면 농산물 가격이 금 값되는 일을 자주 겪지 않는가. 물이 부족하거나 넘치면 제아무리 첨단 시설도 무용지물이 되어 버린다.

인류의 역사는 물을 관리하는 기술의 역사라고 해도 과언이 아닐 것이다. 우리가 사는 자연은 봄, 여름, 가을, 겨울이라는 계절의 마디가 이어져 사계절이 되고 그 질서가 한 번도 어긋남이 없이 순환된다. 문제는 계절마다 비가 고르게 내리지 않는다는 점이다. 여름에 가장 많은 비가 내리고 봄, 가을, 겨울 순으로 강우량이 적다. 인류는 계절에 따라 내리는 비와 기온의 변화에 순응하여 농사를 짓기 시작하였다. 봄에 씨를 뿌리고 비가 많이 내리는 여름에 성장시켜 가을에 수확하고 겨울에 저장하여 다시 봄에 씨를 뿌리는 방식이다.

  그런데 인구가 증가하면서 더는 자연이 주는 물에만 의존해 식량을 생산할 수 없게 되었다. 이에 고대인들은 새로운 대책을 세운다. 농작물에 물을 끌어들이는 관개 사업이 그것이다. 이 관개가 없었다면 건기에 식량 부족을 피할 수 없어 문명은 살아남지 못했을 것이다. 고대 이집트에서는 나일강의 범람을 이용하였다. 넘치는 물을 저지 분지에 저수하고, 댐을 만들어 물을 제어하면서 관개수로를 통해 농경지에 공급하는 방식이다. 메소포타미아 문명에서도 티그리스강과 유프라테스강의 물을 끌어와 농사를 짓기 위해 수로와 댐을 건설하였다. 이러한 댐들은 우기에 하천의 물을 가두었다가 건기에 서서히 방류하도록 설계되었다. 인도에서는 작은 우물을 만들어 물을 저장해 건조한 계절에도 농작물을 재배할 수 있도록 하였다. 중국에서는 하천에 돌로 댐을 만들어 도수하여 관개를 하였는데 BC 256년에 건설된 뚜장옌(都江堰)이 대표적 관개 시설로 현재에도 이용되고 있다. 두장옌(都江堰)은 상류의 홍수를 댐으로 분수하여 하류의 홍수를 예방하고 청두평원에 농업용수를 공급하기 위해 건설되었다.

한반도에서도 삼국시대부터 벼농사를 위한 저수지를 만들었는데, 백제의 김제 벽골제, 정읍 눌제, 익산 황등제 그리고 신라의 제천 의림지가 대표적이다.

뚜장옌 둑(사진출처: Wikimedia Commons)

근대 이후 댐은 다목적으로 개발되었다. 농업용수 공급과 홍수 조절이라는 기존의 목적 외에 생활 및 공업을 위한 용수 공급과 수력발전이라는 새로운 활용 목적이 점차 늘어났기 때문이다. 규모 면에서도 이전의 댐과 비교할 수 없을 정도로 대형화되었다. 소양강댐, 충주댐, 대청댐, 안동댐, 섬진강댐 등이 우리나라의 대표적인 대규모 다목적 댐이다.

댐이 다목적으로 활용되는 시대가 되었다 하더라도 연중 고르지 못한 물을 조절하여 고르게 이용하게 한다는 본연의 기능은 오늘날에도 여전히 가장 중요한 댐의 목적이다. 우기에 물을 가두어 홍수를 조절하고, 건기에 필요한 물을 안정적으로 공급하여 가뭄을 극복하는 것이다. 이런 댐의 관리 전략은 저장된 물의 양, 가뭄 시기와 기간, 사회와 산업의 물 수요 등 다양한 요인에 따라 달라진다. 물을 저장할 때는 가뭄에 대비해 충분한 물이 확보될 수 있도록 계절과 절기에 맞추어 신중하게 관리해야 한다. 물을 방류할 때는 기상 상황, 물 수요, 댐 용량, 하류의 홍수 위험 등을 다양하게 고려해야 한다. 그러나 댐도 자연 앞에서는 한계를 가지고 있다. 가뭄이 장기간 이어지거나 댐이 차 있는 상태에서 큰비가 내릴 경우가 그렇다. 따라서 섬세하고 절제된 댐 운영 전략이 필요하다. 현대 과학기술이 고대시대와는 비교할 수 없을 만큼 발전했지만 우리는 지금도 종종 댐 관리 전략에 실패하여 자연 앞에 무기력해지는 일을 겪곤 하는데, 몇 년 전 남부지방의 오랜 가뭄으로 인한 댐 고갈 사태가 그런 경우이다. 첨단 과학의 시대에도 물이 고갈되면 지역 사회와 나라 살림이 크게 고달파지는 것은 변함이 없다. 국가와 사회의 시스템에서 물 관리가 얼마나 중요한 일이지 겸허하게 깨닫는 순간이다.

그래서인지 옛 성인들은 인생의 지혜를 물 관리의 지혜에 비유하곤 했다. 연못이나 저수지가 고갈되거나 넘쳐흐르는 상황은 인생의 고난이나 내면의 고통을 연상시킨다. 이런 어려움에 직면할 때 우리는 어떤 지혜로 극복할 것인가? 〈주역〉 64괘 중 택수곤(澤水困)괘와 수택절(水澤節)괘에서 그 답을 찾을 수 있다.

연못에 물이 말라 고난을 주는 물, 택수곤(澤水困)괘

택수곤(澤水困)괘

주역의 택수곤(澤水困)괘는 곤괘라고도 하며 나라 경제가 피폐하여 백성들이 굶주리고 헐벗은 상황을 상징한다. 그 글자의 모습에서 의미를 읽어볼 수 있다. 택수(澤水)는 괘의 모습인 괘상(卦象)이고, 곤(困)은 괘의 이름인 괘명(卦名)이다. 곤란함을 뜻하는 곤(困)은 나무(木)가 우리(口)에 갇힌 모습이다. 나무가 우리에 갇혀 자라지 못하니 고난이고 곤궁해진다. 이런 고난은 어디에서 오는 것일까? 바로 택수(澤水)이다. 이 글자를 보면 위에는 연못이 있고 그 아래로 물이 있다. 하지만 연못의 물이 모두 빠져나가 바닥이 쩍쩍 갈라지는 형국이니 마실 물도, 농사에 쓸 물도 없는 어려운 상황이 된다.

물이 비어가는 저수지

　택수곤(澤水困)괘에 대해 성인은 괘사에서 이렇게 언급한다. "고난에서 벗어나는 것은 형통하고 바른 대인(大人)이라야 길(吉)하고 허물이 없으니, 말만 있으면 믿지 않을 것이다." 이 말은 곤궁할시라도 기쁜 마음으로 원래 바라는 뜻을 잃지 않는 군자(=대인)만이 고난에서 벗어나 길하다는 말이다. 반면 말만 많고 솔선수범하는 실천이 없으면 남이 믿지 않아 더욱 곤란해진다는 뜻도 담고 있다.

　공자는 곤(困)에 대해 "곤궁할 때 그 사람이 군자인지 소인인지가 비로소 판별되는 것이고, 그 어려움을 이겨내고 노력하다 보면 마침내 막힌 곳이 뚫려 통하게 된다."라고 하였다. 군자는 곤궁함에도 바라는 뜻을 잃지 않고 먼저 바른길로 앞장서서 고난에서 벗어나기 위해 행동을 하지만, 소인은 자기만의 생각으로 행동하고, 남의 탓을 하거나 자신의 잘못을 뉘우치지 못하여 더 큰 어려움을 자초한다는 말이다. 또 택수곤(澤水困)괘의 대상사에서 "못에 물이 없는 것이 곤(困)이니, 군자는 이를 보고 자각하여 천명의 뜻을 이루리라."라고 말했다. 이는 군자는 어려움을 극복하기 위해 할 수 있는 일을 다 한 후 하늘의 뜻을 기다린다는 진인사대천명(盡人事待天命)의 뜻을 함의하고 있다.

물론 택수곤(澤水困)괘는 물 부족의 고난을 극복하기 위한 구체적인 해법, 즉 사회적, 과학적, 제도적 해법을 주지는 않는다. 〈주역〉의 목적이 사람을 도덕적으로 교화시키는 것이니만큼, 택수곤괘는 어려움에 직면해 우리가 취해야 할 도덕적 처신을 교훈으로 주고 있을 뿐이다. 하지만 막상 커다란 고난이 닥쳐오면 그 무엇보다 절실한 것이 이를 극복하고자하는 우리들의 강한 내면이 아니겠는가.

물 부족을 극복하기 위한 가장 바른 길은 가뭄을 해갈해줄 비가 올 때까지 가지고 있는 한정된 물을 정성을 다해 아껴 쓰고 함께 나누는 일일 것이다. 이를 실천하는 사람이 바로 군자이다. 반면 물 부족 해결에 아무런 도움이 되지 않는 허무맹랑한 말만 하는 사람도 있다. 또 물 부족은 나의 일이 아니라고 생각하며 주변의 고달픈 상황에 아랑곳하지 않는 사람도 있다. 그들은 소인임에 틀림이 없다. 무엇이 진정한 해결책이겠는가. 시대를 초월해 오늘날 우리에게도 커다란 울림을 주는 말이 아닐 수 없다.

연못에 물이 넘쳐 고난을 주는 물, 수택절(水澤節)괘

수택절(水澤節)괘

수택절(水澤節)괘는 택수곤(澤水困)괘의 택(澤)과 수(水)의 상하가 바뀐 괘이다. 괘상(卦象)은 수택(水澤)이고, 괘명(卦名)은 절(節)이다. 절(節)은 대나무(竹)가 뻗어 나가는(卽) 모습으로 '마디'를 뜻한다. 대나무는 비록 속은 비었지만, 한마디 한마디씩 알맞게 마디를 맺으며 하늘 높이 올라갈 수 있다. 여기에서 대나무의 마디는 어려움을 극복할 때마다 하나씩 생기는 인생사의 마디, 사회·역사적 마디에 비유된다. 그렇다면 절(節), 마디는 어떻게 생기는가? 우리에게 닥친 곤란함과 위기를 어떻게 극복할 수 있는가? 그 이치를 담고 있는 글자가 수택(水澤)이다. 연못에 물이 차 있을 수 있는 것은 물을 넘치게도, 모자라게도 않게 하는 '딱 알맞은 절제'가 있기 때문이다.

성인은 괘사에서 수택절(水澤節)괘에 대해 "절(節)은 형통하니, 지나친 절제(苦節)는 가히 바르지 못함이라."라고 말한다. 알맞은 절제로 험난한 마디를 넘는 것은 형통하지만 사람을 괴롭게 하는 지나친 절약, 낡은 사상이나 풍습에 젖은 아집, 편견과 고정관념에 의한 절제로 행하면 바르지 못하다는 뜻이다.

 공자는 성인의 말에 덧붙여 "하늘에는 절(節), 마디가 있어 4계절, 24절기가 잘 이루어지니 이 절에 필요한 제도, 법 그리고 예절을 만들어 백성의 재물을 상하지 않게 하고 백성을 해치지 않게 하는 것이 절(節)"이라고 해석하였다. 그래서 24절기에 대한 책력을 만들고 전파하여 때맞춰 농사를 짓게 하는 것이 고대의 가장 중요한 법도였다. 또 공자는 수택절(水澤節)의 괘상(卦象)을 보고 대상사에서 "연못 위에 물이 있는 절(節)이니, 군자는 이를 보고 깨달아 마디의 법도를 헤아려 제정하며, 그 덕행을 의논하나니라."라고 말했다. 군자는 연못이 비거나 넘치는 고난을 막기 위한 법도를 만들기 위해 사람들과 의논하고 그 도를 널리 알려 백성의 생명과 재산을 지켜야 한다는 것이다. 이렇듯 백성이 복리를 증진시키기 위한 법과 제도를 마련하는 것도 절(節)에 포함된다.

 수택절(水澤節)괘는 어려움에 처했을 때 절제가 없으면 재앙이 따른다고 말한다. 알맞은 법도를 제정하여 그것을 실천하는 것이 절제이다. 솔선수범하여 절제를 선도함으로써 고난을 극복하고 형통할 수 있고 길(吉)하다고 한다. 그러나 절제에 대한 경계의 말도 있다. 절제와 절약이 너무 지나치면 사람들이 고통스러워하니 알맞은 한도를 지키라고 한다. 이는 지나침은 미치지 못함이라는 과유불급(過猶不及)을 뜻하는 것이다. 이 수택절(水澤節)괘의 지혜는 실제 저수지 물 관리의 중요한 원칙이기도 하다. 24절기에 따라 변화하는 기상 상황을 고려하여 물을 넘치지도, 모자라지도 않게 하는 것이 저수지의 운영 법칙이다. 비가 많이 온다고 욕심껏 물을 채우는 것도, 당장 물이 부족하다고 대책 없이 물을 다 비워내는 것도 경계해야 한다.

소양강댐 홍수조절

   3000년 전 성인의 시대에는 연못의 비고 넘침이 생존의 문제이고 삶의 문제이며 국가와 사회의 흥망성쇠를 가르는 문제였을 것이다. 그런 의미에서 연못에 대한 성인의 가르침에는 세상을 다스리는 바른 제도와 인생을 잘 살아가는 깊은 지혜가 함께 담겼다고 볼 수 있다. 반면, 산업화하고 도시화 된 세상을 살아가고 있는 우리 현대인들에게는 먼 이야기처럼 들리기도 할 것이다. 댐의 비고 넘침은 나의 삶과 저만치 떨어져 있는 일처럼 여겨지기도 할 것이다. 하지만 우리 역시 물에 기대어 사는 존재들이며, 내면에 온갖 감정의 소용돌이를 품고 사는 존재들임을 잊어서는 안 된다. 인생의 굽이굽이 마디를 만들며 헤쳐나가야 하는 존재들임을 잊어서는 안 된다. 물을 통해 삶을 통찰하는 성인의 지혜가 여전히 소중한 이유이다.

2-9

끝이며 시작으로 순환하는 물

끝이며 시작으로 순환하는 물

이 세상에는 시작과 끝이 없이 계속되는 자연현상이 있다. 밤과 낮, 봄·여름·가을·겨울의 변화는 그 순서가 어떤 순간에도 바뀌지 않고 계속되는 하늘의 법칙이다. 바다의 밀물과 썰물도 밀려오고 밀려가기를 반복한다. 땅 위의 물은 증발하여 구름이 되고, 구름은 다시 비로 떨어져 땅으로 돌아온다. 이 모든 순환은 어디가 시작이고 어디가 끝인지 알 수 없는 채 영원히 되돌아오기를 그치지 않는다. 이렇게 물질을 순환 시키고, 에너지를 순환시키며 지구는 생명을 이어가고 있다.

옛 성인들은 자연현상을 관찰하여 얻은 삶의 지혜를 우리에게 전해주었다. 〈주역〉은 우리가 걸어야 할 삶의 길을 자연의 법칙에서 찾으라고 말한다. 하지만 우리는 그것을 종종 간과한다. 자연을 당연한 것으로 여기고 성찰하지 않는 탓이다. 자연의 원리를 과학적으로 이해하고 설명할 수는 있지만, 이 하늘의 법칙으로 삶을 깨닫지는 못하는 것이다. 우리 역시 거대한 우주의 질서, 하늘의 섭리 속에 살아가는 존재임을 깨닫지는 못하는 것이다.

자연의 순환은 우주의 질서로서 당연히 우리의 삶과도 연결된다. 그것은 우리의 존재 의미를 생각하게 하고, 삶의 지혜와 방향을 제시하며, 삶의 즐거움과 감동을 선사해주는 깊고 소중한 진리이다. 이렇게 당연하게 여겼던 자연의 질서를 새로운 눈으로 볼 때 우리는 성인과 같은 깨달음을 얻을 수 있을 것이다.

〈주역〉의 시간관, 끝과 시작에 대하여

〈주역〉은 영어로 「The Book of Change」로 표기되며, 그 기본 원리는 변화이다. 〈주역〉은 하늘의 법칙을 영허소식(盈虛消息)의 변화와 균형으로 나타낸다. 영(盈)은 가득 참을 의미하고, 허(虛)는 비어있음을 의미한다. 소식(消息)은 소멸하고 생성됨을 뜻한다. 그러므로 영허소식은 세상의 이치가 가득 차면 비워지고, 소멸하면 다시 생성되는 것과 같이 상호 보완하면서 변화하는 것을 의미하는 말이다. 마치 해가 뜨면 기울고, 달이 차면 이지러지면서 우주의 질서가 유지되는 것과 같다. 이것을 천도(天道)의 운행이라고도 하며, 자연의 모든 사물은 극에 달하면 반드시 원점으로 돌아온다는 '극즉반(極則反)'의 이치라고도 한다.

〈주역〉에서 우주 만물의 변화와 균형을 설명하는 또 다른 원리가 '궁즉변 변즉통 통즉구(窮卽變 變卽通 通卽久)'이다. '궁즉변(窮卽變)'에서 궁(窮)은 극한 상태에 이르러 더는 진전이 없거나 위기에 처했다는 것을 의미한다. 이런 상황에서는 변화를 통해 새로운 가능성을 찾아야 한다. 이것이 궁즉변이다. '변즉통(變卽通)'에서 변(變)은 새롭게 바뀌는 것이고 통(通)은 기존의 문제나 어려움을 해결했다는 의미이다. 변화를 통해 새로운 길이 열리고 성공하게 된다는 것이 변즉통이다. '통즉구(通卽久)'에서 구(久)는 오래간다는 뜻으로, 통(通)의 결과가 지속한다는 뜻이다. 이렇게 '궁즉변 변즉통 통즉구'는 궁하면 변하고, 변하면 통하고, 통하면 오래간다는 것을 나타낸다. 이 진리는 성인들이 순환하는 자연을 통해 자각한 것으로 우리가 삶에서 실천할 슬기로운 조언이다. 즉, 변화에 유연하고 적극적으로 대응하면 삶을 향상할 수 있다는 지혜인 것이다.

〈주역〉의 64괘 중 마지막에 해당하는 63번째 수화기제(水火旣濟)괘와 64번째 화수미제(火水未濟)괘는 '끝'이 곧 '시작'이 되는 순환적 시간관을 이야기하고 있다. 수화기제(水火旣濟)괘는 물이 불 위에 있는 상으로, 물과 불이 화합하여 모든 것이 완성되는 상태를 뜻한다. 하지만 이 상태는 지속하지 않고, 곧 불과 물의 위치가 바뀌는 화수미제(火水未濟)괘가 된다. 이는 불이 물 위에 있어 서로 대립하고 불균형한 상태이다. 이때는 새로운 변화와 도전이 필요하다. 이렇게 두 괘는 서로 반대되면서도 반복되는 순환적 시간관을 보여주고 있다.

수화기제(水火旣濟)괘와 화수미제(火水未濟)괘는 물과 불의 관계를 통해 성공과 실패, 완성과 미완성, 변화와 균형의 의미를 담고 있다. 두 괘가 보여주는 상황은 대립하지만, 이 두 괘는 서로 연결되어 있으며, 끊임없이 바뀌며 순환한다. 수화기제가 끝나면 화수미제가 시작되고, 화수미제가 끝나면 수화기제가 시작되는 것이다. 이는 우리의 삶에 비유될 수 있다. 우리의 삶은 성공과 실패, 완성과 미완성, 변화와 균형의 순환이다. 따라서 좋은 상황에 만족하거나 자만하지 않고 새로운 도전과 변화에 대비하고 준비하는 자세가 필요하다. 또 나쁜 상황에 좌절하거나 포기하지 않고 새로운 기회와 가능성에 대해 기대하고 노력하는 자세가 필요하다. 우리는 이렇게 순환하는 삶을 통해 성장하고 발전해나가는 것이다.

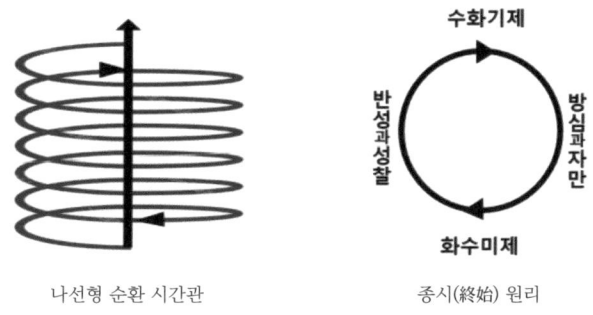

나선형 순환 시간관　　　　종시(終始) 원리

〈주역〉은 나선형으로 순환하는 시간관인 종시(終始)의 원리를 가지고 있다. 63번째 기제괘에서 모든 것이 완성되지만, 방심하고 자만하면 곧바로 미제괘로 변하게 된다. 하지만 미제괘도 영원한 것이 아니니, 성인의 길을 깨닫고 성찰하면 다시 기제괘로 변할 수 있다. 이런 순환이 종시(終始)의 원리이다. 또 이것이 나선형인 이유는 같은 자리를 맴도는 순환이 아닌 점점 위로 나아가는 순환, 즉 성장의 순환이기 때문이다. 봄, 여름, 가을, 겨울이 지나면 다시 봄이 오지만 그 봄은 분명 지나간 봄과는 다른 봄일 것이다. 만물이 한 해만큼 성장한 새로운 봄일 것이다. 이것이 진정한 변화이며 '궁하면 변하고, 변하면 통하고, 통하면 오래가는(窮卽變 變卽通 通卽久)' 진리인 것이다.

이미 건넌 물, 수화기제(水火旣濟)괘

상괘(上卦) 외괘(外卦)	물(水):☵ 험난함, 달		상육(上六)	국사	-
			구오(九五)	임금, 성인	中과 성인의 자리
			육사(六四)	고급관리(대신)	-
하괘(下卦) 내괘(內卦)	불(火):☲ 밝음, 해		구삼(九三)	제후	-
			육이(六二)	초급 관리, 군자	中과 군자의 자리
			초구(初九)	천민, 백성	-

수화기제(水火旣濟)괘

수화기제(水火旣濟)괘의 괘명은 기제(旣濟)로, '이미 건넜다'라는 뜻이며 모든 것이 다 이루어진 상황을 의미한다. 기제괘는 물(☵, 坎)이 위에 있고, 불(☲, 離)이 아래에 있다. 물은 아래로 흐르고, 불은 위로 타오르는 성질을 가지고 있어 기제괘는 물과 불이 서로 화합하는 상을 나타낸다. 그러나 '이루는 것보다 지키는 것이 어렵다'라는 말이 있듯이, 모든 것이 완성된 후에는 그것을 지키는 것이 중요하다. 이것을 '수성(守成)'이라고 한다. 잠시 방심하고 교만하면 모든 것이 무너지고, 종시 원리에 따라 미완성의 화수미제(火水未濟)괘로 되돌아간다. 따라서 기제괘는 수성(守成)의 도를 이야기하고 있다고 볼 수 있다.

수화기제괘의 대상사는 "물이 불 위에 있는 것이 기제이니, 군자는 이를 본받아 환란을 생각하고 미리 방지해야 한다."라고 말한다. 기제의 상은 내려가는 물과 올라가는 불이 서로 통하여, 모든 만물이 완성되는 것을 나타낸다. 물과 불은 사람이 살아가는 데 필수적이므로 서로 대립하지 않고 보완하는 관계에 있어야 한다. 하늘에서 해는 불이고 달은 물인데, 해와 달은 서로 보완하여 낮과 밤의 균형을 이룬다. 또 여름이 불이라면 겨울은 물로, 겨울과 여름은 서로 보충하는 관계이다. 이렇게 물과 불의 조화는 하늘의 법칙이고 만물의 정상적인 상태인 것이다. 그러나 물과 불은 항상 평형상태에 있는 것만은 아니며, 어느 한쪽이 더 많으면 큰 재앙을 만들 수 있다.

우리의 삶도 마찬가지이다. 모든 것을 이루었을 때는 반성과 성찰을 통해 마음의 평형을 유지해야 한다. 그렇지 않고 자만하거나 태만하면 수성(守成)에 실패한다. 따라서 군자는 미래의 환란을 염두에 두고 미리 예방하라고 말한다. 반성과 성찰, 절제와 검소, 유비무환의 우환의식이 그 예방의 자세이다.

수화기제괘의 괘사는 "기제는 형통함이 적으니, 바름을 지키면 이롭고, 처음에는 길하고 끝내는 어지러울 것이다."라고 말한다. 기제는 모든 것이 다 이루어진 상태를 말한다고 했다. 그런 기제가 '형통함이 적다'라는 것은 그 형통함이 언젠가는 끝날 수 있음을 암시하는 말이다.

여기의 '적다'라는 말은 그냥 적음이 아니라, 반성과 같은 개인의 '작은 일(小事)'이라는 의미가 들어있다. 그래서 기제의 형통함에 대해서 성찰과 반성을 해야 한다는 속뜻을 담고 있다. 또 '바름을 지켜야 이롭다'라는 것은 바르지 않으면 기제가 곧바로 미제로 변할 수 있다는 말이다. 이것은 기제와 미제가 별개로 있는 것이 아니라, 순환의 연속과정에 있다는 것을 의미한다. 정리하면, 모든 것이 이루어지는 기제의 세상에서는 큰일보다는 나 자신을 되돌아보는 작은 일에 충실해야 한다는 것이다. 영원한 기제도, 영원한 미제도 없다.

기제괘의 모든 효는 정위(正位)로, 양자리에 양(—)이, 음자리에 음(--)이 바르게 자리하고 있다. 그리고 모든 상하 관계는 음과 양으로 화합하는 응(應)의 관계이다. 한마디로 모든 것을 다 갖춘 괘라고 할 수 있다. 이런 상황에서 육효사는 어떻게 하면 완성된 세상을 오래 수성할 수 있는지에 대해 이야기한다.

초구 효사는 "초구는 그 수레를 뒤에서 당기고, 그 꼬리를 적시면 허물이 없다."라고 말한다. 지금은 모든 것이 이루어져 있는 세상의 첫 단계로, 긴장 상태를 잃지 말고 환란에 대비해야 한다. 따라서 수레가 급진하여 난국을 초래하지 않도록 당겨서 멈추게 해야 한다. 또 동물들은 꼬리가 물에 젖으면 나아가지 않는다. '꼬리를 적시면' 역시 당겨서 멈추게 한다는 뜻의 비유이다. 즉, 지금은 함부로 나아갈 때가 아니니 초구는 신중히 경계하고, 경거망동하지 않아야 허물이 없다는 말을 하고 있다.

육이 효사는 "육이는 부인이 그 수레의 가리개를 잃었으니 쫓지 않으면 칠일 만에 다시 얻을 것이다."라고 말한다. 부인이 수레의 가리개를 잃었는데 왜 쫓지 말라고 하는가? 지금은 모든 것이 다 이루어진 기제괘의 세상이고, 육이는 중(中)을 얻어 성인의 도를 자각한 군자의 자리에 있다. 가리개를 잃고도 쫓지 말라는 것은 이렇게 모든 것이 다 이루어져 있으므로 욕심을 내지 말라는 뜻이다. 탐욕과 욕심은 소인의 도(道)로, 그것을 버리면 칠일에 이르러 다시 그 가리개를 얻게 된다는 것이다. 〈주역〉에서 칠일은 물리적인 시간이 아니라 철학적 시간이다. 소인의 도가 만연한 세상에서 그들의 형통함을 부러워하지 말고, 반성과 성찰을 하면 군자의 도가 돌아온다는 가르침을 전하고 있다.

　구삼 효사는 "구삼은 고종이 귀방(鬼方)을 쳐서 삼 년 만에 이기니 소인은 쓰지 말아야 한다."라고 말한다. '고종'은 은나라 23대 왕 무정(武丁)을 이르는 말이고, '귀방'은 동서남북의 오랑캐를 뜻한다. 또 〈주역〉에서 '삼 년'은 오랫동안이라는 뜻으로 쓰인다. 사방의 오랑캐를 치는 데 오랫동안이 걸렸다는 것은 소인의 도에서 벗어나기 위하여 오랫동안 반성과 수행을 했다는 의미로 해석할 수 있다. '소인을 쓰지 말라는 것'도 같은 의미로 그렇게 해야만 기제의 세상이 오래갈 수 있다는 말이다.

　육사 효사는 "육사는 배에 물이 새는데 해어진 옷을 가지고 종일 경계한다."라고 말한다. 이는 대상사에서 말한 유비무환의 정신으로 환란을 예방하라는 것과 같은 의미이다. 배에 물이 새듯이, 다 이루어진 세상이라도 내부와 자신의 문제로 균열이 생길 수 있다. '해진 옷'은 절제와 검소함을 상징한다. 그런 자세로 경계하고 노력할 때 기제의 삶을 지속할 수 있다는 비유이다.

구오 효사는 "구오는 동쪽 이웃에서 소를 잡아 성대한 제사를 지내는 것이 서쪽 이웃에서 검소하게 제사를 지내 실제로 그 복을 받는 것보다 못하다."라고 말한다. 〈주역〉에서는 여름 제사는 대나무로 만든 광주리 두 개에 음식을 만들어 바쳐도 정성이 있으면 된다고 했다. 여름에는 음식을 보관하기가 어렵기 때문이기도 하지만, 제물보다 경건함과 정성이 우선이라는 말일 것이다. 구오 효사는 많은 제물을 쌓아놓고 서로 다투는 제사를 지내는 것보다 화합해서 검소한 제사를 지내는 것이 더 복되다고 말하고 있다. 여름 제사처럼 간단한 제물이지만 진심이 중요하다는 뜻이다. 모든 것이 다 이루어진 지금, 그것에 감사해하고, 정성을 다하는 마음을 가져야 한다는 가르침이다.

상육 효사는 "상육은 그 머리를 적심이니 위태롭다."라고 말한다. 기제와 미제는 영원할 수 없고, 서로 순환한다. 이 효사는 모든 걸 다 가진 후에 자만하고 태만하면 미제의 세상으로 바뀐다는 것을 이야기하고 있다. 강을 건너는데 머리가 물에 빠졌으니 매우 위태로운 상황이 되었고, 이제 기제는 계속되지 않는다. 이것이 극즉반(極則反)이다. 무엇이 이렇게 만들었는가? 역학에서 머리는 하늘의 도를 상징한다. 그런 머리가 물에 빠졌다는 것은 하늘의 도가 모독당했다는 의미이다. 모든 것을 이루었다는 교만이 하늘의 도를 무시하게 만든 것이다. 이제 기제의 세상이 위태로워지고 미제의 세상으로 되돌려진다는 것을 경고하고 있다.

아직 건너지 못한 물, 화수미제(火水未濟)괘

			상구(上九)	국사	-
상괘(上卦) 외괘(外卦)	불(火):☲ 밝음, 해		육오(六五)	임금, 성인	중과 성인의 자리
			구사(九四)	고급관리(대신)	-
			육삼(六三)	제후	-
하괘(下卦) 내괘(內卦)	물(水):☵ 험난함, 달		구이(九二)	초급 관리, 군자	중과 군자의 자리
			초육(初六)	천민, 백성	-

화수미제(火水未濟)괘

    화수미제(水火未濟)괘의 괘명는 미제(未濟)로, "아직 건너지 못했다."라는 뜻이다. 미제괘는 불(☲, 離)이 위에 있고 물(☵, 坎)이 아래에 있는데, 불은 위로 올라가는 성질, 물은 아래로 내려오는 성질을 가지고 있어 불과 물이 서로 어긋나는 상이다. 그래서 모든 것이 어긋나 있는 미완성을 뜻한다. 하지만 〈주역〉에서는 미완성의 미제가 영원한 것이 아니고, 종시 원리와 나선형 순환의 시간 발전에 따라 다시 기제의 세상으로 돌아갈 수 있다고 한다. 그러므로 화수미제괘는 미완성의 험난한 상황일지라도 반성과 성찰을 통해 새로운 변화, 즉 기제의 세상으로 다시 갈 수 있다는 지혜를 전해주고 있다.

    미완성의 세상이 어떻게 다시 완성의 세상으로 변할 수 있는가? 그 해답은 육효에 있다. 괘의 육효는 초효, 삼효, 오효는 양자리, 그리고 이효, 사효, 상효는 음자리에 위치해야 바른 자리다. 그런데 미제괘는 양자리에 음(--)이 오고, 음자리에 양(—)이 와서 모두 자리가 바르지 못하고 어긋나 있다. 그러나 초효와 사효, 이효와 오효, 삼효와 상효가 음양으로 화합하는 상응의 관계이다. 자리가 바르지 않은 미완성의 미제괘가 기제괘로 돌아갈 수 있는 비결은 바로 응(應)이다. 서로 힘을 합쳐 노력하고, 반성하며 성찰했기에 미완의 세상을 벗어날 수 있는 것이다.

화수미제괘의 대상사는 "불이 물 위에 있는 것이 미제이니, 군자는 이를 본받아 신중하게 만물을 분별하고 바르게 제 자리에 머무르게 한다."라고 말한다. 불이 물 위에 있는 것은 모든 것이 어긋나는 미완성의 상황이 된다. 그러나 그것은 존재의 본질이 아니다. 군자는 만물이 존재하는 이치를 본받아 신중하게 사물을 구별할 수 있어야 한다. 그러면 현재는 비록 물과 불이 어긋나있더라도 서로 도와주는 만물의 특성이 있음을 성찰하여 다시 기제로 돌아갈 것을 알 수 있다. 따라서 군자는 사람들이 성인의 길로 갈 수 있도록 각자 마땅한 위치에 자리 잡게 하고, 반듯하게 머무르게 해야 한다. 그것이 미완성이 다시 완성으로 가는 종시 원리이다.

화수미제괘의 괘사는 "미제는 형통하니, 어린 여우가 물을 거의 건너가서 그 꼬리를 적시니, 이로울 것이 없다."라고 말한다. 모든 것이 어긋난 미완성의 세상을 왜 형통하다고 하는가? 그것은 종시 원리 때문이다. 지금은 어려운 미제이지만, 노력하면 기제로 변할 수 있기 때문이다. 그런데 어린 여우는 강을 건너지 못하고 꼬리에 물을 적시면 이로울 것이 없다고 한다. 여기서 어린 여우는 소인을 상징하는데, 여우는 겁이 많아 물을 건널 때도 단번에 건너지 않는다고 한다. 특히 어릴수록 더 겁이 많아 남들을 믿지 못한다. 이는 소인은 노력하면 언젠가는 형통해진다는 말을 믿지 않아 이롭게 되지 못함을 비유하는 말이다. 정리하면, 성찰하고 노력해야 기제괘로 가는데, 소인의 길에 빠지면 그렇게 될 수 없다는 것을 괘사는 말하고 있다.

미제괘의 모든 효는 부정위(不正位)라 어긋나 있지만, 상하로 모두 상응하고 있어 성찰하고 노력한다면 험난한 세상에서 벗어날 수 있다. 초육 효사는 "초육은 여우가 강을 건너다 그 꼬리를 물에 적시니 부끄러움을 당할 것이다."라고 말한다. 초육은 나이가 어리기에 아직 수양하고 공부해야 할 때이다. 하지만 초육은 소인의 길에 빠져 자신의 능력이 부족함을 알지 못하고 미제의 세상으로 가려고 하니 부끄러움을 당한다는 것이다. 이 효사는 망념과 사욕을 버려야 강을 건널 수 있다는 것을 말하고 있다.

구이 효사는 "구이는 수레를 뒤에서 당기면 마음이 바르고 길할 것이다."라고 말한다. 지금은 험난함에 빠져 있으니 수레가 나가지 않도록 끌어당기라는 것이다. 이는 경거망동하지 않고 자중하여 바르게 하면 길하다는 뜻이다.

육삼 효사는 "아직 건너지 못함이니, 그대로 가면 흉하나, 큰 내를 건너는 것은 이롭다."라고 말한다. 미제는 강을 건너지 못하는 상황이니 그 험난함에서 벗어나기 위해서는 자기반성과 성인의 길에 대한 깨달음이 필요하다. '그대로 가면 흉하다'는 말에는 반성과 성찰, 자각이라는 의미가 포함되어 있다. 그랬을 때 큰 내를 건너 기제로 갈 수 있다는 뜻이다.

구사 효사는 "구사는 바르게 하면 길해서 후회함이 없을 것이다. 분발하여 귀방(鬼方)을 치니 삼 년 만에 큰 나라에서 상(賞)이 있도다."라고 말한다. 앞의 대상사에서 만물은 각자 마땅한 위치에 자리 잡아야 하고, 머무를 때는 반듯하게 머물라고 말했다. 구사는 그렇게 하면 길해서 후회함이 없다고 한다. '귀방을 친다'라는 것은 오랑캐, 즉 소인의 도를 친다는 것이다. '삼 년'은 오랜 시간을 뜻하는 말로, 소인의 도에서 벗어나는 데 오래 걸렸다는 뜻이다. 또 상(賞)은 미제에서 기제로 가는 것을 의미한다.

육오 효사는 "육오는 바르기 때문에 길하여 후회가 없으니, 군자의 빛남이 믿음이 있어 길하다."라고 말한다. 미제의 세상에서 군자가 바르게 하는 것은 그래야 길하고 기제의 세상으로 변화한다는 것을 믿기 때문이다. 그래서 군자의 빛남에 믿음이 있다고 말한다.

상구 효사는 "상구는 술을 마시는데 믿음이 있으면 허물이 없지만, 그 머리를 적시도록 지나치게 마시면 믿음이 있어도 그 마땅함을 잃어버릴 것이다."라고 말한다. 이는 미제의 세상에서는 성인의 길을 자각하여 다시 기제의 세상으로 갈 수 있다는 믿음을 가져야 한다. 상구는 믿음을 가지고 술을 마셨다. 음식과 술은 군자의 인격적인 영양소인 성인의 도를 상징한다. 그런데 너무 많이 마셔 머리를 적시는 것은 성인의 도를 모독하는 것이다. 아무리 믿음이 있더라도 옳을 것을 잃게 된다. 이는 절제하지 못하고 교만해졌다는 것을 의미한다. 육오까지는 반성하고 성찰하여 기제의 세상으로 갈 수 있게 되었으나, 상구에 이르러 결국 소인의 도에 오염되어 기제로 갈 수 없다는 것을 말하고 있다.

기제괘는 모든 것이 이루어진 괘이다. 그러나 이런 성취를 보전하기 위해서는 항상 삼가고 경계해야 함을 강조하고 있다. 만약 현실에 안주하여 방심한다면 모두 것을 잃고 미제로 바뀐다는 것이다. 반대로 미제의 세상도 영원하지 않다고 말한다. 반성하고 성찰하여 다시 기제로 돌아갈 수 있다는 순환의 이치를 〈주역〉은 종시 원리를 통해 말해주고 있다. 끝남이 곧 시작이라는 원리는 삶에도 있다. 우리는 성공과 실패, 행복과 슬픔, 희망과 절망 같은 상반된 경험을 거치면서 살아간다. 하지만 어떤 상황이든 계속되는 것이 아니어서, 극에 달했을 때는 변화의 기회가 온다는 것을 자각해야 한다. 물의 유연함을 배워 변화에 적절하게 대응하고, 불의 열정을 배워 창조적으로 새로운 것을 추구한다면, 우리의 삶은 더욱 풍요롭게 발전할 수 있을 것이다. 이것이 나선형으로 순환하는 자연의 섭리이다.

3장

물, 성찰

3-1

강을 시(視)하지 말고 관(觀)하라!

강을 시(視)하지 말고 관(觀)하라!

 우리가 인식하는 세상은 오감이 감지한 정보를 뇌가 전달받아 해석한 것이다. 그런데 뇌에 전달된 오감의 정보 중 절반 정도를 차지하는 것이 시각의 정보라고 한다. 그만큼 시각은 중요한 정보원이다. 어떻게 보느냐에 따라 사물, 사람, 세상에 대한 우리의 인식은 얼마든지 달라질 수 있다는 것이다.

 그래서일까? 시(視), 간(看), 견(見), 관(觀) ……. '보다'라는 의미의 한자어가 이렇게 다양하다는 것이 흥미롭게 다가온다. 視는 단순히 바라보는 것이다. 看은 무엇인가를 더 자세히 보기 위해 눈 위에 손을 얹고 바라본다는 뜻이다. 見은 어떤 현상을 보고 자각한다는 의미까지 포함한다. 觀은 황새 관(雚)과 볼 견(見)이 합쳐진 글자로, 황새처럼 하늘 높이 올라가 보는 것이다. 그것은 더 멀리, 더 넓게 보는 힘으로 어떤 현상의 내면까지

꿰뚫어 본다는 뜻일 것이다. 뜻글자인 한자에 이렇게 많은 '보다'가 있는 이유는 무엇이겠는가. '보다'라는 행위에는 각각 다른 차원이 있다는 의미이다. 같아 보이지만 다른 이 글자들이 참 많은 생각을 하게 한다.

'보다'에 관한 한자어를 알게 된 후, 강을 연구하는 사람으로서 자연스럽게 강을 본다는 것의 의미는 무엇일까, 그리고 우리는 강을 어떤 방식으로 강을 바라보았을까?에 대해 성찰해보지 않을 수가 없다. 왜냐하면 우리에게 강은 사전에 정의된 '넓고 크게 흐르는 물줄기' 또는 '바다로 흐르는 자연수'라는 의미 이상의 것이라는 것을 잘 알고 있기 때문이다.

강의 의미와 가치는 그 시대의 관점에 따라 고대에서 현대까지 변화해왔다. 그렇다면 고대인들에게 강은 어떤 모습이었을까? 고대 근동의 신화와 고대 종교 등에서 그들이 생각하는 강의 의미를 찾아볼 수 있다. 우선 고대인들에게 강은 신이며 심판자이다. 기원전 3000년 이전 나일강 주변에서는 범람의 신으로 인격화된 '하피(Hapi)'가 매년 홍수를 일으켜 농사의 풍요를 가져다주는 것으로 숭배를 받았다. 또 메소포타미아 문명의 발생지인 유프라테스강과 티그리스강은 그 자체가 여신의 이름이다. 이 강의 신들은 태초의 심연에서 흘러내리는 생명력과 정화 능력, 판결 능력이라는 거룩한 힘을 가졌다. 그래서인지 고대 바빌론 제국의 함무라비 법전에는 흑마술을 부렸다고 의심받는 남성이나 부정을 저질렀다고 의심받는 여성이 고소당했을 경우 강에 던지는 처벌을 내린다고 기록되어 있다. 강에 던져진 피고인들이 살아나면 무죄이고 살아나지 못하면 그 자체로 유죄가 증명된다는 형벌이다. 아마 고대 바빌론 사람들은 명확한 증거가 없는 판결은 신에게 물어야 한다고 생각했던 것 같다. 그들에게 강은 정의의 강이자 심판의 강이었다.

중상류 나일강의 범람터 (사진출처: 이집트 관광청)

강은 신성한 장소로도 그려진다. 구약성경에는 요르단강에 내려가서 일곱 번 몸을 담그니 병이 나았다는 일화가 나온다. 또 신약성경에는 예수가 요르단강에서 세례를 받는 장면이 나온다. 이렇게 성경 속의 강은 그 자체로 기적의 장소이며 구원의 장소다.

강은 삶과 죽음의 경계이며 피안의 세계로 건너가는 험난한 여정의 상징이기도 했다. 메소포타미아 신화에는 '후부루(Huburu)' 강 이야기가 있다. 후부루는 신의 이름으로 저승의 강 또는 인간을 삼키는 강이다. 이 강을 건너기 위해서는 뱃사공과 겨루어 이겨야 하는데 이로써 영웅성을 획득하게 된다.

그리스 신화에는 죽음 이후의 세계, 즉 지하의 세계를 다스리는 하데스 신이 등장하는데 망자는 하데스의 세계로 도달하기 위해 다섯 개의 강을 건너야 한다. 첫 번째 강은 '아케론(Acheron)'으로 죽음을 비통하게 여기며 건너는 비통의 강이다. '카론(Charon)'이라는 뱃사공에게 뱃삯을 주면 건널 수 있다. 덕분에 영웅만 건널 수 있다는 저승의 강을 이제 보통 사람도 돈만 주면 건널 수 있게 된 것이다. 두 번째 강은 '코퀴토스(Cocytus)'로 강물에 자신의 과거 모습이 비쳐 시름에 젖는다는 시름의 강이다. 세 번째 '피리플레게돈(Pyriphlegethon)'은 망자의 영혼을 불태워 정화하는 불의 강이다. 네 번째는 이승의 모든 기억을 잊는다는 망각의 강 '레테(Lethe)'이다. 그리고 마지막 다섯 번째 강은 증오스러운 죽음을 의미하는 '스틱스(Styx)'이다. 이렇게 그리스 신화를 노래한 시인들은 강을 통해 비통, 시름, 정화, 망각, 증오라는 죽음의 의미를 담아낸다.

불교에도 비슷한 강이 있는데 망자가 건너야 할 '삼도천(三途川)'이 그것이다. 삼도(三途)에서 도(途)는 길 도(道)와 같은 뜻으로, 삼도천(三途川)은 망자가 이승에서의 업보에 따라 건너게 될 강을 향한 세 갈래의 길이다. 당연히 악업을 쌓은 사람이 가야 할 길이 가장 험난한 강이다.

한편, 〈주역〉 64괘의 괘사에는 '이섭대천(利涉大川)'이라는 경구가 11번이나 나온다. 이섭대천(利涉大川)은 '큰 내를 건너면 크게 이롭다'라는 뜻으로 여기에서 강은 험난함을 상징한다. 고난이라는 강을 건너 극복하면 새로운 세상을 창조할 수 있다는 의미일 것이다. 〈주역〉의 강은 비록 위험하지만 도전하라는 하늘의 뜻을 가르쳐주는 강이다.

이렇듯 강에 대한 성찰과 마음 깊이 축적된 의미의 세계에 사는 고대인들에게 강은 경외의 대상이었다. 기원전 5세기 페르시아 전쟁을 기록한 역사가인 헤로도토스가 "페르시아인들은 결코 몸의 분비물로 강을 더럽히지 않으며, 심지어 그들의 손도 씻지 않는다. 그들은 강을 숭배하기 때문에 다른 사람들이 강을 더럽히도록 허락하지도 않았다."라는 문구를 남긴 것도 그런 맥락일 것이다.

그러나 강에 대한 경외감과 두려움으로 가득 차 있던 고대인들의 세계관도 조금씩 변화하게 된다. 인류의 4대 문명은 인간이 강을 다스리면서 건설되었다. 강의 신을 숭배하며 신의 축복을 기원하는 것에서 그치지 않고 강을 적극적으로 이용하기 시작한 것이다. 이것은 농경을 위한 정착 인구가 증가하고 사회 규모가 커지면서 더 많은 농업생산이 이루어져야 하는 필요 때문이었을 것이다. 나일, 티그리스와 유프라테스, 인더스, 황하의 주변에 축조된 댐, 관개수로, 둑은 문명을 촉발하는 불꽃이었다. 이제 강의 신은 왕이 된다. 그리고 왕은 더 적극적으로 강을 길들이고 지배하여 권력을 강화한다. 홍수를 잘 다스려 중국 최초의 왕조를 세운 하나라 우임금의 기록이 그 대표적인 예이다. 강은 권력의 상징이 되었고, 치산치수는 지도자의 덕목으로 자리 잡게 되었다.

중세와 근·현대는 인간 중심적인 자연관이 지배적 사상이 된다. 만물의 영장인 인간만이 자연에 대한 윤리적 책임과 도덕적 의무를 지니며, 자연은 인간의 이익을 위한 도구적 가치로 활용될 수 있다는 생각이다. 이런 관점은 기독교 전통이나 공리주의 철학에서 비롯되었다. 기독교의 관점에서 보면 인간은 신이 명한 자연의 지배자이다. 신은 자신의 형상을 본 따 인간을 만든 후 자연을 비롯한 모든 창조물을 다스리라고 이른다. 더 나아가 근대의 공리주의 사상은 '유용성의 원리'로 옳고 그름을 판단한다. 최대의 이익이 최고의 선이다. 이에 따라 강은 사회의 공익을 위한 도구의 강이 되는 게 마땅하다. 이제 인간은 거침없이 강을 활용하기 시작했다. 댐 건설로 인해 더는 강의 범람이 두렵지 않게 되었으며 운하와 교량의 건설로 강은 새로운 길이 되었다.

강에 대한 인간의 완벽한 지배력을 보여 주는 것이 바로 댐이다. 그것은 부국의 상징이기도 했다. 건조한 서부 사막에 수많은 댐을 건설하여 사막의 제국을 건설한 미국이 내표적인 사례이다. 1935년 미국은 경제 대공황기 뉴딜정책의 목적으로 콜로라도강에 세계 최초의 대규모 다목적 댐인 후버댐을 건설했다. 높이 220m인 이 댐은 약 2,500만 명에게 물과 전력을 공급할 수 있는 규모인데, 사막의 도시 라스베이거스는 물 사용량의 90%를 이 댐에 의존하고 있다. 당시 미국 내무부 장관인 헤럴드 익스(Harold Ickes)는 댐 헌정사에서 "인간의 자연 정복에 대해 자랑스럽게 찬사를 보낸다."라고 말했는데, 자연 통제에 대한 미국인의 인식을 잘 보여 주는 대목이다. 원주민들이 아주 적은 물로 천년을 살았던 그 사막의 뜨거운 태양 아래 미국인들은 거대한 관개 농장과 수영장을 건설한 것이다. 후버댐 건설로 미국은 댐 건설의 시대를 열었다. 미국 서부의 모든 주에 수력 발전

댐, 홍수 조절 댐, 관개용 댐들이 앞 다투어 들어섰다. 특히 컬럼비아강과 그 지류에 55개의 댐이 건설되었는데 이로 인해 1956년 무렵엔 연어의 90%가 사라졌고, 강의 거의 모든 구간은 저수지가 되었다고 한다. 댐 건설의 선도국가였던 미국의 댐 건설은 1960년대에 정점에 이르렀고 자유롭게 흐르는 강은 이제 사라졌다.

후버 댐 (사진출처: 미개척국, USBR)

그러나 댐 건설의 영광에는 필연적인 그림자가 드리운다. 강이 신음하기 시작하여 멸종 동식물이 발생했고, 수질은 악화하였다. 마크 리즈너(Marc Reisner)는 〈사치스런 사막(Cadillac Desert)〉에서 천문학적인 비용이 소요되는 댐과 수로 사업이 비윤리적인 방식으로 기획되었다는 것을 밝히고 있다. 그는 이런 전체 과정이 정치적인 탐욕과 부패, 그리고 쉽게 생존할 수 없는 사막 위에서 승리하려는 인간 욕망에 기초하고 있다고 주장한다. 또 자연에 대한 통제를 주장하는 미국인들의 집착을 비난하며, 그것이 많은 환경재앙, 강의 황폐화 그리고 지방 공동체, 특히 아메리카 원주민 공동체 파괴를 초래했다고 비판했다. 1960년대 미국 사회는 베트남 전쟁에 반대하는 반전운동과 함께 환경운동이 태동하여 생태계를 파괴하고 사회적 역기능을 가져오는 댐 건설에 저항하는 사회적 분위기가 만들어 가고 있었다.

1990년대에 이르러서 미국에서 댐 건설의 시대는 저물었다. 미국 연방정부에서 댐 건설은 홍수와 주운을 관리하는 미공병단(U.S. Army Corps Engineering)과 관개용수를 공급하는 미개척국(U.S. Bureau of Reclamation)의 역할이다. 이 중 미개척국은 서부 정착과 개발을 지원하기 위해 1902년 설립된 미국에서 여섯 번째로 큰 전기 생산기관으로, 후버 댐과 글랜 캐니언 댐 등을 건설했고 미서부 지표수 45%를 관리하고 있었다. 그런데 1990년대 미개척국장관 대니엘 비어드(Daniel Beard)가 1994년 국제관개배수위원회의 연설에서 '미국에서 댐 건설의 시대는 끝났다'라고 선언한 것이다. 그는 미개척국은 더이상 건설 사업에 대한 공공 또는 정치적인 지원을 기대하지 않는다고 하였다. 따라서 미개척국은 댐 건설 사업에서 손을 뗄 것이고, 미개척국의 미래는 수자원 관리 효율을 높이고 환경복원 사업에 달여 있다고 하였다. 이 연설은 미국의 수자원 정책이 개발에서 관리의 시대로 넘어가는 신호탄이었다. 미국에서는 이제 주 정부 차원에서 선택적 댐 개발은 할 수 있지만, 연방정부의 지원은 사라졌다고 볼 수 있다. 그리고 그 기능을 다한 댐들은 더는 재생을 하지 않고 강물이 자연스럽게 아래로 흘러가도록 철거되고 있다.

이처럼 미국이 댐 건설을 멈추게 된 이유는 첫째, 댐을 건설할 적지가 줄어들었기 때문이다. 지반이 나쁘거나 물 수요처와 멀리 떨어진 곳밖에 남지 않아 건설비용이 심하게 증가한다는 것이다. 둘째, 1970년 초에 제정된 환경영향평가, 멸종 위기종 보호법, 청정 수법 등 강력한 환경규제로 댐 계획에서 건설까지 장기간이 소요되고 환경 단체들의 민원과 소송으로 경제성이 더욱 약화되었기 때문이다. 마지막으로 댐 건설에 대한 연방정부의 예산이 크게 감소한 것도 영향을 미쳤다. 이런 이유로 미국의 댐 건설 수는 1980년대 이후 급감하였다. 하지만 여기에는 우리가 간과해서는 안 되는 중요한 이유가 있는데, 그것은 미국은 이미 지난 100년간 지속적인 대규모 개발을 통하여 수자원을 충분히 확보했다는 것이다. 댐 건설의 경제적 효과의 감소, 환경규제와 환경에 대한 사회의 높은 인식은 댐 건설 시대의 마감을 앞당겼을 뿐이다.

동양 사상에는 '소식영허(消息盈虛)'라는 말이 있다. '사라지면 생겨나고 가득 차면 비워진다'라는 뜻이다. 이제 댐의 소식영허의 시대가 되었다. 전통적인 댐 개발의 시대는 가고, 새로운 물 관리의 시대가 탄생하게 된 것이다. 그런데 강에 가득 찼던 댐들을 비우고 나면 이제 우리의 강에는 무엇이 채워지게 될까. 우리는 이제 어떤 강을 만나야 할까. 우리는 이제 강에서 무엇을 발견해야 할까.

여기에서 나는 시(視)가 아닌 관(觀)의 의미를 떠올려 본다. 우리가 지금 경제적 이익만을 위한 개발의 강을 버리고 새롭게 찾으려는 것은 까마득한 과거의 숭배와 두려움의 강은 아닐 것이다. 우리에게는 21세기의 인류에게 꼭 맞는, 그런 새로운 의미와 가치가 필요하다. 강의 본질, 강의 내면을 들여다볼 수 있는 바로 관(觀)의 눈이 필요할 때이다.

고대 그리스 철학자 헤라클레이토스는 "너는 같은 강물에 두 번 들어갈 수 없을 것이다"라고 말했다. 그렇다. 강은 흐름으로써 끊임없이 달라지고, 우리의 생각도 흐르는 강물처럼 변화한다. 그것이 만물의 법칙이다. 그렇다면 매 순간 다른 모습으로 다가오는 강을 우리는 어떻게 깊게 들여다볼 수 있다는 말인가. 그 본실까지 알아차릴 수 있다는 말인가.

자세히 보아야
예쁘다

오래 보아야
사랑스럽다

너도 그렇다

나태주 시인의 「풀꽃」이라는 시이다. 나는 이 시에서 관(觀)의 눈에 대한 해답을 얻는다. '보다'의 새로운 인식에 다다른다. 시인은 풀꽃이 '그저 풀꽃'인 이유를 우리가 자세히, 오래 들여다보지 않기 때문이라고 말하는 것 같다. 자세히, 오래 들여다볼 때 '그저 풀꽃'이 아닌 고유하기에 소중한 존재가 된다고 말하는 것 같다. 우리는 '강'에 대해, 그것만의 존재 이유에 대해, 그것의 마음에 대해 생각했던 적이 있었던가. 그렇게 본 적이 있었던가. 우리가 강을 도구로만 여겼던 것은 세상의 모든 강을 다 '그저 그런 물줄기' 정도로만 본 탓이 아닐까?

　2009년 말에 제임스 캐머론 감독의 SF 영화 〈아바타〉가 상영되었다. 그 영화 속에는 의미있는 대사가 등장한다. 판도라 행성의 나비족의 인사말 "I see you"가 바로 그것이다. 자연과 교감하며 생명의 가치를 소중하게 여기며 살아가는 그들의 가치관을 단적으로 보여주는 인사가 아닌가 싶다. 나는 당신의 무엇을 보는가. 바로 진심이다. 서로 마음이 통하고 연결되어 영혼이 하나가 된다는 표현이다. 이 소통의 인사에는 관(觀)의 눈이 담겨 있다.

　우리가 강에 대한 새로운 가치를 찾는다는 것은 새로운 소통을 시작한다는 의미일 것이다. 우리가 보고 싶은 대로 보고, 하고 싶은 대로 요구한다면 강과의 소통은 시작될 수 없다. 그렇기에 지금이 "We see a river."라고 말할 때이다. 지금이 강이 보여 주는 참모습을 관(觀)할 때이다. 우리는 지금 잘 보고 있는가.

3-2

모든 모델은 빗나간다. AI도 그렇다!
예측을 대하는 올바른 자세

모든 모델은 빗나간다. AI도 그렇다!
예측을 대하는 올바른 자세

　우리는 예측의 일상을 살고 있다. 아침에 일기예보와 뉴스를 보고 오늘 해야 할 일에 대해 다양한 결정을 한다. 그리고 교통 상황을 파악하고 내비게이션이 안내하는 길을 따라 일터로 나간다. 어디 일상뿐인가. 개인의 일상을 넘어 사회와 국가, 그리고 전 지구 차원에서 수많은 전망이 이루어지고, 그것은 우리의 삶을 크게 좌우한다. 특히 현대의 예측과 전망은 대부분 엄청난 데이터에 기반을 둔 과학의 영역에서 이루어지고 있다. 그러나 모든 예측이 한계를 가지고 있듯이 과학적 예측 또한 불확실성이 존재한다. 이를 가장 쉽게 확인할 수 있는 대표적 사례가 재난방송에서 내보내는 태풍 경로의 예측이 빗나가는 경우이다. 태풍은 가장 첨단화된 컴퓨터 모델로 예측하지만, 국가별로 각자 다른 태풍 상륙 지점을 예측하는 경우가 많았다.

미래에 대한 예측은 고대부터 이어져 왔다. 고대의 예측은 과학이나 합리적인 탐구의 방법이 아닌 점술과 운세에 의한 것이었다. 고대인들이 점술과 운세를 이용한 이유는 더 나은 결정을 위함이었다. 전쟁에 나가거나, 새로운 모험을 시작하는 중대한 결정으로 자신의 미래가 성공과 번영으로 이어지길 바라는 것이다. 또 다른 이유는 불확실성으로 가득 찬 인생에서 미래에 어떤 일이 일어날지 어느 정도 예측할 수 있다는 것만으로도 위안을 얻기 때문이었다. 마지막으로 점성술이나 타로점 등의 운세는 영혼이나 영적인 길에 대한 통찰력을 얻을 수 있는 영적 수행의 길로 여겨졌기 때문이었다. 이러한 관행을 참고함으로써 고대인들은 자신을 깊이 이해하고 세상에서 자신의 위치를 확인할 수 있었을 것이다.

점과 운세는 태어날 때의 별자리, 사주, 손금, 타로점, 주역 등 다양한 방법으로 미래를 예측하며 신이나 초자연적인 힘과 특별한 관계가 있다고 믿는 샤먼, 사제, 점성가, 무당, 주술사 등 전문적인 중개자가 필요하다. 사람들은 중개자들이 생산하는 예측의 수동적 이용자이다. 점과 운세는 정확성과 효능에 대해 논란은 있지만, 첨단 과학의 시대인 오늘날에도 여전히 활용되고 있다. 새해가 되면 신년운세를 보고, 월과 일별 운세를 보는 일이 하나의 문화이고, 젊은이들이 넘치는 홍대거리에는 "당신의 결정을 돕습니다."라는 문구가 붙은 사주카페가 성행할 정도다.

거리의 역술원　　　　　　　　홍대거리의 사주·타로 카페

그렇다면 왜 여전히 사람들은 점과 운세에 의존하는 것일까? 이는 과학이 사람들의 다양한 내적 욕구를 다 채워줄 수 없기 때문이다. 미래를 예측할 때 점술과 운세는 과학과는 다른 목적으로 사용되는 경우가 많다. 과학은 주로 물리적 세계를 이해하는 데 도움을 주는 반면, 점술과 운세는 개인적이고 영적인 문제에 대한 통찰력을 얻기 위해 사용된다. 과학은 경험적 증거나 과학적 원리에 의해 구성되지만, 점술과 운세는 직관, 상징, 해석에 의존한다. 이 때문에 점술과 운세는 과학적 탐구로는 얻을 수 없는 의미, 지침, 안도감 등을 제공해주는 효과가 있다. 그런 의미에서 현대인들은 과학과 점술, 운세를 동시에 활용함으로써 세상과 자신에 대해 더욱 포괄적으로 이해하고 예측하고자 하는 욕망을 실현하고 있다고 볼 수 있겠다.

하지만 현대는 과학의 시대이다. 여전히 점술과 운세가 소비되고 있다 하더라도 우리의 실생활은 과학을 기반으로 운영되고 있다. 더군다나 지금은 정보화 시대를 넘어 빅데이터에 기반한 AI와 IOT 초연결 기술의 시대이다. 검색의 시대가 끝나고 ChatGPT 기술에 의한 대화의 시대가 열린 것이다. 그런데 이 ChatGPT 기술은 그 편리함에도 불구하고 몇 가지 걱정거리를 남기는 것 같다. 검색의 시대에는 검색 플랫폼을 통해 알고 싶은 정보를 검색해 자료를 모으는 과정까지만 기술의 도움을 받는다. 그 정보를 통합하여 해석하고 예측하는 의사 결정의 과정은 검색자 스스로 해야 하는 능동적 행위이다. 반면 ChatGPT 시대에는 검색, 자료의 수집, 통합과 해석 등을 굳이 사용자가 할 필요가 없다. 그냥 원하는 것을 물어보면 ChatGPT가 대답해주기 때문이다. 자신의 의사 결정이 굳이 필요 없다는 것이다. 이것은 마치 고대의 신탁을 연상시킨다. 신에게 자신의 운명을 물어보고 신탁을 받거나 점술가나 사제에게 국가의 운명을 점치는 시대로 되돌아간 것 같다. 물론 ChatGPT가 우리 문명의 발전에 많은 긍정적인 모멘텀을 가지고 있는 것은 거부할 수 없는 사실이다. 그러나 ChatGPT의 지적 능력이 인류 최대의 지적 능력을 뛰어넘는 과학 기술의 특이점이 될 수 있는 과정에서 우리가 경계해야 할 것이 무엇인가에 대해 숙고할 필요가 있다.

과학적 예측에는 풍부한 데이터 자료가 필수적이다. 빅데이터 시대를 맞아 정보의 홍수라는 표현도 부족할 만큼 데이터양이 폭증하고 있다. 이렇게 많은 양의 데이터는 당연히 예측과 의사 결정에 유익한 정보를 주지만, 그 이면의 그림자도 있다. 예측에 실패하는 이유는 데이터가 부족해서가 아니다. 또 정보가 많다고 예측이 쉬워지는 것도 아니다. 네이트 실버는 저서 〈신호와 소음〉에서 정보가 많아지면 오히려 불필요한 소음의 양도 늘어난다는 점을 간과해서는 안 된다고 말했다. 넘치는 정보에서 쓸모 있는 정보를 가려내는 것의 중요성을 역설한 것이다.

　잘못된 정보로 인한 사회적 혼란의 사례는 역사 속에서도 찾아볼 수 있다. 인쇄술은 최초의 정보기술 혁명이라고 한다. 1440년 요하네스 구텐베르크가 활판 인쇄술을 발명하기 전에도 지식을 담은 책은 있었지만, 필경사가 만들어 비싼 가격 때문에 귀족의 사치품일 뿐 대중들은 접근하기가 힘들었다. 인쇄술의 발명으로 책이 쉽게 제작되면서 드디어 정보의 대중화가 이루어진 것이다. 그러나 정보의 질은 편차가 심했다. 특히 오탈자로 인해 사회적 혼란을 초래한 큰 사건도 있었다. 성서 〈출애굽기〉 제20장 14절에 부정사 'not'을 빠트려 '간음하지 말라'가 '간음하라'로 둔갑하여 부도덕한 성서가 된 것이 대표적인 사례이다. 웃지 못할 이 역사적 사건은 현대의 빅데이터 시대에도 시사하는 바가 크다. 폭발적인 정보 생산량은 우리가 예측과 의사 결정을 할 때 풍부한 정보를 활용할 수 있다는 긍정적인 면이지만, 반대로 유용한 정보를 가려낼 수 있는 역량이 없거나 정보를 잘못 이해한다면 소셜 미디어를 통해 전파되는 거짓 정보, 가짜 뉴스, 과장 광고 등으로 인해 의사 결정에 큰 낭패를 초래하게 하기도 할 것이다.

　그렇다면 빅데이터 시대에 예측의 정확성을 무엇이 향상시킬 수 있는가? 펜실베이니아 대학교수인 필립 테틀록은 1980년대부터 정치적 사건에 대한 예측의 정확도를 과학적으로 평가한 연구결과를 2005년 〈전문가의 정치적 판단〉이라는 책으로 발간하였다. 테틀록은 284명의 정치 전문가를 선정하여 걸프 전쟁, 일본의 부동산 거품, 퀘벡이 캐나다에서 분리될

가능성 등 약 2만 8천여 개의 미래 사건에 예측 의견을 모았다. 그러나 전문가들이 내놓은 예측의 정확도는 다트를 던지는 원숭이의 예측과 비슷한 수준이었다. 이들의 직업, 경험, 전공이 어떻든 일반인들이 동전을 던져 판단을 내린 것보다 낫지 못했다. 이렇게 전문가들의 예측은 형편없었지만, 원숭이의 예측보다 잘하는 집단과 못하는 집단으로 구분되었다. 그런데 흥미로운 점은 두 그룹 모두 언론에 자주 등장하고 인용되는 전문가일수록 예측이 빗나가는 경향을 보인다는 점이었다. 테틀록은 어떠한 이유로 한 집단이 다른 집단보다 더 나은 예측을 하는가에 관심을 가졌는데, 그가 내린 결론은 '생각하는 방식의 차이'였다.

그는 이 연구를 통해 전문가의 사고방식을 '고슴도치형'과 '여우형'으로 구분했다. 고슴도치와 여우는 이사야 벌린이 쓴 〈고슴도치와 여우: 톨스토이의 역사관에 관한 에세이〉에서 참고한 것이다. 벌린은 책 제목을 그리스 시인 아르킬로코스가 쓴 "여우는 많은 것을 알고 있지만 고슴도치는 하나의 중요한 것을 알고 있다."라는 구절에서 따왔는데, 벌린은 이 구절에서 착안해 세상의 사람들을 고슴도치와 여우라는 상징적인 두 범주로 나눌 수 있다고 주장했다. 고슴도치형은 마치 물리 법칙처럼 세상의 모든 것에 적용되는 하나의 보편적인 지배원칙이 있다고 믿는 사람들이다. 그들은 모든 것을 핵심적 목표, 명료하고 일관된 하나의 시스템에 연관시킨다. 보편 원리로 세상 모든 것을 이해하려는 철학자 소크라테스가 고슴도치형에 속한다. 반면에 여우형은 다양한 목표를 추구하는 사람들이다. 그들은 사소한 생각을 믿으며 또 문제를 해결하려면 다양한 접근이 필요하다고 여긴다. 그들의 생각은 산만하고 분산적이지만 다양한

면을 다루면서 다채로운 경험과 본질을 포착해나간다. 그리고 하나의 목표에 그 자신을 맞춰가려고 애쓰지 않으며 모든 것을 포괄하고자 한다. 감각, 이성, 욕망, 모두를 행동의 동기로 인정하며 보편적인 것이 아닌 특수한 것에 관심을 두는 것이 실천적 지혜라고 말한 아리스토텔레스가 여우형에 속한다.

테틀록은 여우가 고슴도치보다 예측을 상당히 잘한다는 사실을 발견했다. 이는 앞에 말한 사고방식의 차이였다. 고슴도치형 집단은 빅아이디어, 즉 하나의 핵심적 목표나 비전에 대한 자신들의 생각을 강하게 보편 원리로 체계화하여 의사 결정에 연관시키는 경향이 있다고 한다. 따라서 '~주의'의 고정된 이념적 사고에서 벗어나지 않는다. 그들은 문제가 복잡할 경우 문제를 마음에 드는 인과관계의 틀에 억지로 밀어 넣은 다음, 틀에 맞지 않는 것은 부적절한 방해물로 간주한다. 또 미적지근한 답을 싫어해서 분석한 내용을 상황 변화에 따라 바꾸지 않고 끝까지 밀고 간다. 심지어 결론을 내는 과정에서 예측이 잘못된 사실이 드러났음에도 그들은 마음을 바꾸지 않는다고 한다. 테틀록은 고슴도치들은 어떤 사실과 정보들을 많이 다룰수록 이것들을 자기 편견을 강화하는 쪽으로 조작할 가능성이 크다고 믿는다. 그리고 자기 편견과 고정관념을 증거에 갖다 붙여 대상을 실제 보이는 데로 보는 것이 아니라 자기가 보고자 하는 것만 본다고 한다.

반면에 여우형 집단은 좀 더 실용적인 전문가가 많다. 그들은 분석 도구를 많이 활용하는데, 주어진 특정 문제와 관련된 도구를 선택했다. 그리고 가능한 여러 곳에서 많은 정보를 수집했고 생각하는 도중에 정보가

추가되면 잘못을 시인하고 생각을 자주 바꾸었다. 여우형은 자신감 있게 무엇이 '확실하다'라거나 '불가능하다'라고 말하지 않는다고 한다. 문제를 이런 식으로 보았다가 다음에는 다른 식으로 보고 그다음에는 또 다른 식으로 보기 때문에 변덕스러운 관점을 가진 사람들로 보이기도 한다. 하지만 테틀록은 예측에는 이것이 더 낫다는 판단을 내렸다.

그러나 불행하게도 신문과 TV 등 언론은 예측의 정확도가 동전을 던지는 것보다 좋지 못한 고슴도치 전문가를 선호한다. 빅데이터에 기반한 현대사회에서 예측이 자주 빗나가는 이유는 이 때문이다. 왜 그러한가? 언론의 첫 번째 규칙은 "간단하게 말하라!"이다. 고슴도치는 한 가지 관점으로만 분석하기 때문에 다른 관점에서 제기하는 의심과 단서를 고려하지 않고 자신들이 옳은 이유를 계속 쌓는다. 그리고 어떤 일이 일어난다, 혹은 일어나지 않는다는 식으로 단순하고 단정적으로 말한다. 청중들도 그런 식의 말을 좋아해서 언론에서는 고슴도치를 계속해서 생산할 수밖에 없다는 것이다. 당연히 언론에서 여우형은 좋은 대접을 받지 못한다. 여우는 확실하게 말하지 않고 '아마'라는 말을 즐겨 쓰고 그들의 말은 복잡하고 변덕스럽기 때문이다. 또 여우는 기본적으로 세상의 많은 것들은 예측하기 어려우며, 이런 불확실성을 충분히 고려해야 한다고 말하기 때문에 자신감과 확신이 부족하다는 오해를 받는다. 언론이 이런 여우를 좋아할 리가 없다.

테틀록의 예측 사고방식에 관한 연구는 정치 영역을 대상으로 하고 있기는 하지만 그의 연구가 시사하는 바는 과학 영역에도 적용될 수 있을 것이다. 우리는 지금 기후 위기의 시대에 살고 있다. 기후 위기는 예기치 못한 태풍과 홍수를 일으켜 우리의 생명과 재산을 수시로 위협하고 있다. 예기치 못한 태풍과 홍수가 발생한다는 것은 기존의 예측 방식이 아닌 새로운 예측 방식이 필요하다는 의미일 것이다. 그렇다면 고슴도치와 여우 중 누가 더 적합할 것인가?

우리는 먼저 기후 예측에 이용 되는 모델에 대해 알 필요가 있다. 모델은 실세계 또는 대상의 표현체이다. 예를 들어 마네킹은 인체를 모방한 인형 모델로 의료 실습, 옷 전시 등에 이용된다. 마네킹은 사람을 완벽하게 재현한 모델은 아니지만 유용한 도구가 된다. 이처럼 기후 예측은 컴퓨터 예측 모델이라는 도구를 이용한다. 컴퓨터 예측 모델은 실제 기상과 홍수 현상을 물리 법칙으로 해석하여 수치상으로 기온, 바람, 습도, 비와 눈을 정량화한다. 즉 자연현상을 모방하여 만든 수학적 모델인 셈이다. 컴퓨터 모델은 과거의 태풍과 홍수 기록을 분석하여 정확성과 신뢰성이 보장되는지 엄격한 검증을 거친다. 그리고 기상관측소, 위성, 레이더, 센서 등 다양한 관측 데이터를 기반으로 자연현상을 예측한다. 이런 모델들은 각 나라의 기후와 지형 특성을 반영하여 다양하게 개발되고 있다. 이 모든 것들이 예측의 정확도를 높이려는 노력이다.

태풍과 홍수의 예측정보에 대해 소비자들은 "컴퓨터예측 모델은 완벽한가? 또는 예측 결과를 100% 신뢰할 수 있는가?"라는 질문을 하고 싶을 것이다. 결론부터 말하면 모델은 완벽하지도 않고, 100% 신뢰할 수도 없다. 그러나 소비자들의 당연한 이 질문들은 모델에 대한 이해가 부족한 질문이다. 왜냐하면, 마네킹 인형으로 인체의 표면은 어느 정도 표현할 수 있어도 내면은 담아낼 수 없듯이, 태풍과 홍수와 같은 자연현상을 모델로 완전히 재현한다는 것은 사실상 불가능하기 때문이다. 모델에는 피할 수 없는 불확실성이 있다. 물론 이런 불확실성은 지속적인 개선으로 감소하고 있는 것은 사실이다. 예를 들어 미국 허리케인 센터가 허리케인이 상륙할 지점을 72시간 전에 예측할 때, 1980년대 중반에 예측을 벗어나는 범위는 평균 약 560km였지만, 2010년대에는 약 160km로 크게 줄었다.

그럼에도 불구하고 현실 세계를 모방한 모델에 의한 예측은 필연적으로 불확실성을 가지고 있다고 봐야 한다. 그런데 이러한 한계는 모델 개발자가 아닌 이상 알기 어렵다. 태풍과 홍수와 같은 재난을 관리하는 사람들 역시 예측 모델에 대한 외부 이용자이다. 따라서 모델의 한계를 통찰하려는 노력이 없다면 모델이 가지고 있는 불확실성으로 인해 낭패를 볼 수 있다. 사고방식이 예측의 정확도를 좌우한다는 테틀록의 연구 내용은 그래서 중요하다. 여우는 모델의 불확실성을 인정한다. 그래서 예측 결과를 보완하기 위해 과거의 기상 패턴을 살펴보고, 추가적인 정보를 통합하여 예측 결과를 평가하고 필요하면 수정한다. 미국 국립기상청은 두 가지 기록을 철저하게 한다고 한다. 컴퓨터가 독자적으로 얼마나 예측을 잘하는지에 대해 기록하는 일과 인간이 기여하는 부분이 어느 정도의 가치가 있는지에 대해 기록하는 일이다. 이 통계에 따르면, 인간은 컴퓨터 모델이 독자적으로 수행한 예측 작업의 정확도를 약 25% 정도 개선한다고 한다. 여우의 생각하는 방식이 25%를 개선한 것이다. 고슴도치는 예측이 빗나가면 기존 모델의 무용론을 주장하고 신기술을 이용한 또 다른 마법이 될 새로운 예측 모델을 찾아 나선다. 하지만 예측 모델이 가지고 있는 피할 수 없는 불확실성으로 그들이 원하는 완벽한 예측 모델을 찾기는 어렵다. 고슴도치는 계속해서 모델을 바꾸는 시도를 할 것이고 이것은 여우가 지속적인 수정과 개선으로 모델을 개발하는 것과 사뭇 다른 양상이 된다.

엇갈리는 태풍경로 예측 (YTN 뉴스에서 캡처)

요즘 고슴도치들이 찾아낸 모델이 바로 AI 예측 모델이다. 그러나 AI 역시 모델의 한계에서 자유로울 수 없다. ChatGPT에 AI 예측 모델의 한계에 대한 두 가지 질문을 해 보았다. 그리고 ChatGPT의 답변은 다음과 같다. 첫 번째 질문은 "실제 현상을 예측할 때 AI 모델도 기존 수치 예측 모델과 같은 불확실성의 문제를 겪는가?"이다.

"AI 모델도 수치 모델과 마찬가지로 실제 현상을 예측할 때 동일한 문제에 직면합니다. 수치 모델과 마찬가지로 AI 모델도 현실의 단순화 또는 추상화를 기반으로 하기 때문에 현실 세계의 복잡성을 완전히 포괄할 수는 없습니다. AI 모델은 과거 데이터를 학습하고 데이터에서 패턴과 관계를 학습하여 예측이나 의사 결정을 내립니다. 그러나 모델 학습에 사용된 데이터가 편향(biased) 또는 불완전하거나, 모델이 새롭거나 예상치 못한 시나리오를 처리하도록 설계되지 않은 경우 예측이 정확하지 않거나 신뢰할 수 없을 수 있습니다. 따라서 다른 모델과 같이 AI 모델은 현실을 완벽하게 표현하지 못하며 예측이 틀릴 수 있습니다. 그러나 다른 모델처럼 일부 AI 모델은 한계와 잠재적 편향을 고려한다면 특정 상황에서 의사 결정과 예측을 내리는 데 유용하고 가치가 있을 수 있습니다. AI 모델에 비판적인 시각으로 접근하여 정확성과 잠재적 편향을 평가하고, 장점과 한계에 따라 적절하게 사용하는 것이 중요합니다."

두 번째 질문은 "실제 현상을 예측할 때 AI 모델의 가장 큰 약점은 무엇인가?"이다.

"실제 현상을 예측할 때 AI 모델의 가장 큰 약점 중 하나는 편향된 예측(biased prediction)을 하는 경향이 있다는 것입니다. 이러한 편향성은 데이터 수집, 레이블 지정 또는 전처리 방식과 모델 학습에 사용되는 알고리즘에서 발생할 수 있습니다. 학습 데이터가 편향되거나 불완전하면 AI 모델은 편향성을 학습하고 이를 새로운 데이터에 일반화하여 편향된 예측을 하게 됩니다. AI 모델의 또 다른 약점은 학습 데이터와 크게 다른 시나리오를 처리하지 못한다는 것입니다. AI 모델이 실제 상황을 대표하지 않는 데이터로 학습하면 해당 시나리오에서 정확한 예측이나 결정을 내리지 못할 수 있습니다. 이를 일반화 문제라고 하며, 이는 실제 환경에서 AI 모델의 유용성을 제한할 수 있습니다. 마지막으로, AI 모델은 공격자가 의도적으로 입력 데이터를 조작하여 모델이 잘못된 예측을 하도록 속이는 악의적인 공격에 취약할 수 있습니다. 이는 공격자가 AI 시스템의 취약점을 악용하려고 시도할 수 있는 보안과 같은 애플리케이션에서 중요한 문제가 될 수 있습니다. 전반적으로 AI 모델은 실제 현상을 예측하는 데 큰 가능성을 보여 주었지만, 정확성과 신뢰성을 보장하기 위해서는 한계와 잠재적 약점을 신중하게 고려하고 해결해야 합니다."

고슴도치는 AI 모델을 최고의 마법으로 여기고 있지만, 정작 AI 모델인 ChatGPT는 예측에서 자신의 한계와 단점을 겸허하게 이야기하고 있다. ChatGPT는 스스로 여우형 사고방식을 취함으로써 고슴도치의 구애를 거절한 셈이다. 통계학자 조지 박스는 "모든 모델은 빗나간다. 그러나 일부 모델은 유용하다."라는 말을 했다. 현실 세계의 복잡성을 완벽하게 포착할 수 있는 모델은 없지만, 일부 모델은 예측의 속성을 이해하는 데 여전히 유용할 수 있다는 뜻이다. 이 말은 본질적으로 모델은 세상을 이해하는 도구이지 세상을 완벽하게 표현하는 것은 아니라는 점을 우리에게 상기시켜 준다. 그리고 모델을 개선하고 불확실성을 줄이기 위해 노력한다면, 불완전한 모델도 여러 상황에서 유용할 수 있다는 것을 강조한다. 경제학자 헨리 타일도 모델에 대한 경계의 말을 했다. "모델은 사용되어야 하지만 믿어서는 안 된다. 그리고 그것을 깨닫기 위해서는 모델 이용에 대한 성숙함이 필요하다."이다. 이는 의사 결정자가 모델을 사용할 때 비판적 시각을 가져야 한다는 의미를 담고 있는 말이다. 비판적 시각이란 모델의 한계를 인식하고 그 결과를 맹목적으로 수용하는 대신 다양한 주변의 정보나 전문가의 판단 등을 통합하여 의사 결정을 내리는 자세일 것이다.

현대의 예측 모델에 대한 학자들의 경계는 고도의 예측 시스템에 의해 구성되고 그것이 삶을 안전하게 지켜줄 것이라는 우리의 믿음에 시사하는 바가 크다. 맹신보다 더 중요한 것은 바로 사고방식이다. 발전된 모델을 활용해 알 수 없는 미래에 적극적으로 대비하되, 넘치는 정보를 비판적으로 선별하고 유연하고 창의적인 사고로 통합해 주체적으로 의사 결정을 내리는 여우가 되어야 할 것이다. 모든 모델은 빗나간다. AI도 그렇다! 이것이 예측의 시대를 잘 살아내는 지혜이다.

3-3

윤리적 관점으로 물을 생각하다

윤리적 관점으로 물을 생각하다

 물은 지구상에서 가장 귀중한 자원 중 하나이다. 식물, 동물, 사람을 포함한 모든 생명체는 물이 없으면 한순간도 존재할 수 없다. 물은 생명의 근원이며, 생존하고 번영하게 하는 중요한 요소인 것이다. 물은 우리 몸의 대부분을 차지하고 있으면서 건강을 유지하게 한다. 세포와 조직, 장기 등에 수분이 공급되어야 몸은 원활하게 작동할 수 있다. 만약 우리가 충분한 물을 마시지 않는다면 탈수와 같은 심각한 문제가 발생하여 생명이 위험해진다.

 물이 있어 우리는 문명을 일구고 유지할 수 있다. 농업, 축산 등과 같은 산업은 물 없이는 불가능하기에 물은 우리의 식량 공급에 직접적인 영향을 미친다. 우리의 식량이 되는 식물을 재배하고 동물을 키우는 데에 물은 필수적이다. 또 먼 옛날부터 물은 사람과 물자, 문화가 이동하는 길이었다. 그 물길을 따라 인류는 번영을 이루어 왔다.

물은 자연 생태계의 균형을 유지하게 한다. 호수, 강, 바다 등에는 다양한 생물들이 살며 상호작용하고 있다. 물이 부족하거나 오염되면 이 균형이 깨져 지구의 생물들에게 큰 위협이 될 것이다.

지금까지 언급한 것은 우리가 물의 소중함을 이야기할 때 흔히 하는 말들이다. 물의 가치를 설명하고, 우리가 왜 물을 보호해야 하는지를 이해하는 데 도움이 되는 일반적인 말들인 것이다. 그러나 이것은 우리의 이익에 관한 생각일 뿐, 물 자체에 대한 이해는 아닌 것 같다. 물은 도구이기 이전에 하나의 고유한 존재이다. 과연 우리는 그 존재의 본성에 대해 생각해본 적이 있는가. 그 존재함에 대해 성찰한 적이 있는가. 지금 전 세계적으로 일어나는 물 부족 사태와 수생태계의 파괴를 보면서, 우리 자신에게 의문을 제시하고, 새로운 관점을 가져야 하는 것은 아닌지 생각해보게 된다.

그런데 어쩌면 그것은 전혀 새로운 것이 아닐 수도 있다. 물질문명 이전 시대를 살았던 조상들의 생각 속에 그 답이 있을 수도 있다. 적어도 그 시대에는 자연을 대상화하지 않고, 그 자연과 조화를 이루며 살아가려는 철학적 토대가 있었기 때문이다. 이를 물에 대한 윤리적인 접근이라고 말할 수 있을 것이다. 윤리적 관점으로 물을 바라본다면, 지금 우리가 처한 문제들에 대한 해결책을 찾고 지속 가능한 환경을 만들어갈 수 있지 않을까.

자연선택에 의한 진화와 인류의 출현

생명은 어떻게 시작되었을까? 아주 복잡한 유기체인 인간을 포함하여 세상의 갖가지 동식물들은 어떻게 존재하게 되었을까? 종교에서는 창조론을 이야기하지만, 그것은 과학의 답이 될 수는 없었다. 과학에서 이 답을 찾은 사람은 19세기 중반에 진화론을 발표한 찰스 다윈이다. 다윈에 의하면 복잡한 유기체들은 한꺼번에 창조된 것이 아니라, 환경에 적응하면서 아주 작은 걸음씩 점진적으로 나아가며 조금씩 다른 무엇으로 진화한 것이다. 이런 진화는 어떤 개체들이 다른 개체들보다 더 오래 생존하며 번식하는 방향으로 이루어졌다. 즉 어떤 개체들은 자연환경에 더 잘 적응할 수 있는 우수한 형질을 유전자로 전하며, 다른 개체들보다 더 잘 생존하고 번식한 것이다. 이를 '자연선택에 의한 진화'라고 한다.[1]

리처드 도킨스에 의하면 4억 1,700만 년 전 우리의 조상은 물고기였다고 한다. 그는 충분히 많은 진화의 세대가 이어지면, 물고기를 닮았던 선조들이 원숭이를 닮은 후손으로 변할 수 있다고 말한다. 그보다 더 많은 세대가 이어지면, 세균을 닮았던 선조들이 사람을 닮은 후손들로 변할 수 있다. 그런데 다윈의 진화론에 의하면 그런 일이 현실에서 일어났다. 지구에 생존했던 모든 동식물은 정확하게 그런 일을 겪었다. 지구의 나이는 약 45억 년이고, 화석으로 추론하는 생명의 나이는 35억 년이 훌쩍 넘는다. 진화의 시간은 상상할 수 없을 만큼 길다는 의미이다. 이것이 다윈의 위대한 발상이다.

---

1 리처드 도킨스/김명남 옮김 (2012). 현실, 그 가슴뛰는 마법, 김영사

자연선택에 의한 진화에서 그 점진적인 변화는 어느 정도의 시간이 필요한 것일까? 지구의 나이는 약 45억 년이고, 화석으로 추론하는 생명의 나이는 35억 년이 훌쩍 넘는다. 이것은 진화의 시간이 상상할 수 없을 만큼 길다는 의미이다. 도킨스는 신석기 시대부터 현대까지 걸린 1만 년은 진화의 경향성이 드러날 만큼의 시간이 되지 못한다고 말한다. 물론 머리 스타일이나 복장 같은 차이는 있지만, 그것은 지금 현대인들 사이의 차이보다 더 크지 않다는 것이다. 진화론적으로 볼 때 현대인은 육체와 정신적인 본성에서 신석기 시대인과 거의 다르지 않은 셈이다.

인류의 진화

최초의 인류는 약 600만 년 전에 영장류에서부터 나와 유인원과 갈라진다. 그때의 조상은 오늘날 우리와는 조금 다른 모습이었다. 원숭이와 비슷하게 생겼고, 네발로 기어 다녔다. 그럼 인류는 어떻게 두 발로 걷게 되었을까? 그들은 원래 나무에서 생활했다. 나무 위는 맹수들의 공격을 피하기 좋고, 열매도 쉽게 따 먹을 수 있어서 살기에 알맞은 장소였다. 하지만 기후가 급격히 변해 빙하기가 되자 원시림이 사라지고 사바나 초원이 생겨났다. 주거지였던 나무가 사라지자 인간의 조상은 땅으로 내려오게 되었다. 땅은 나무 위와는 너무나 달랐으니, 맹수들의 공격을 피하기 어려웠고 먹을 것도 풍부하지 않았다. 이런 위기를 맞아 인간의 조상이 선택한 것이 바로 '두발 걷기'이다. 두 발로 땅을 딛고 윗몸을 일으키면 멀리까지 내다볼 수 있어 맹수의 공격을 대비할 수 있기 때문이다. 또 살아남기 위해 그들은 무리를 이루어 생활하기 시작했다. 그렇게 새로운 환경에 조금씩 적응해 간 것이다.[2]

수렵·채집 생활에서 진화된 인류의 본능과 본성

인간과 동물의 본능과 본성은 행동에 대한 자의식이 없이 자연적으로 나타나는 성향이나 내면에 깃든 특성을 의미한다. '본능'은 생존과 번식을 위한 기본적인 욕구이고, '본성'은 개체에 내재하는 정신적인 특성이나 성향이라고 할 수 있다. 본능은 생명을 유지하기 위한 물질적인 생존력에 집중된다. 하지만 본성은 자기 마음에 자연적으로 깃들어 있는 성향이 좋아하는 바를 그냥 따르는 것이다. 그래서 본능은 생존과 번식을 위한 물리적인 행동에 집중되지만, 본성은 생존과 번식뿐만 아니라 자기 성취를 위해 나타나는 정신적이고 심리적인 기제이다.

동물의 본능은 바로 그 본성과 같다. 육식 동물인 사자가 초식동물을 잡아먹는 것은 생존을 위한 본능의 자발적 행동에 따른 것이다. 여기에는 선악의 도덕이 없고, 그냥 본성이 하고 싶은 것을 할 뿐이다. 하지만 인간은

---

2   [네이버 지식백과] 인류의 진화

본능과 본성이 일치하지 않는다. 물론 인간의 본성도 본능처럼 자연적 상태라는 점에서는 다르지 않다. 그러나 본성은 기호에 따라 그냥 좋아서 무심하게 나타날 뿐이다. 본능은 주로 생명을 유지하기 위한 물질적인 생존력에만 관심을 쏟지만, 인간의 본성은 정신적인 영역에서도 나타나며, 이것이 본능과는 다른 점이다.[3]

진화생물학에서는 눈, 귀, 심장, 골격, 강한 이빨, 소화기관 등 신체적인 형질이 유전자의 자연선택으로 진화되는 것처럼, 본능과 본성과 같은 심리적인 기제도 자연선택으로 만들어지는 것으로 본다. 예를 들어 뇌는 외부에서 들어온 정보를 처리하는데, 이때 생존과 번식에 도움이 되는 방향으로 적응하도록 하는 것은 바로 우리 마음속의 심리 기제가 하는 일이다. 즉 인간의 마음은 수백만 년에 걸쳐 부딪친 적응적 문제들을 잘 해결하도록 자연선택이 설계한 다양한 심리 기제들의 결과물이라는 것이다. 이렇게 진화된 심리 기제는 몇 가지 특성이 있는데, 그중 가장 중요한 두 가지를 살펴보자.[4]

첫째, 각각의 구체적인 적응적 문제를 해결하기 위해 특수화된 심리 기제들이 많이 존재한다. 우리의 조상들이 아프리카 사바나 초원에서 살아가며 마주했던 적응적 문제는 다양했다. 포식자로부터 안전하게 벗어나기, 전염병을 피하기, 이성을 선택하기, 적절한 음식을 확보하기, 안전한 거처를 확보하고 자식을 성공적으로 키우기, 외부 위협에 대처하기,

---

3 김형효 (2007). 이기주의와 도덕주의를 넘어서, 마음 혁명, 살림, pp 25-32
4 전중환 (2010). 오래된 연장통 – 인간 본성의 진짜 얼굴을 만나다, 사이언스 북스

좋은 사회적 관계를 유지하기 등이 그것들이다. 이러한 현실에 적응하기 위해 자연선택은 우리 마음속에 다양하고 구체적인 심리적 기제를 발전시켰다. 이런 과정을 통해 인간은 다른 동물들보다 더 많은 적응적 본능을 갖게 되었다.

둘째, 우리의 마음은 수백만 년 전 아프리카의 수렵·채집 생활에서 겪어야 했던 문제를 잘 풀게끔 진화한 것이 현재까지 유지되고 있다. 그러나 수렵과 채집 생활에 맞추어 진화된 마음이 농경 사회나 산업 사회에서도 반드시 잘 작동하는 것은 아니다. 왜냐하면, 복잡한 심리적 적응이 출현하려면 그만큼 복잡한 신경 구조가 적어도 수천 세대에서 수만 세대에 걸쳐 진화해야 하기 때문이다. 인류의 600만 년의 시간은 대부분 아프리카 사바나 초원에서 흘러갔다. 그에 비해 농경 사회는 약 1만 1000년 전에 시작되었고, 산업사회가 시작된 것은 200년도 채 되지 않았다. 농경과 산업사회로 발전해간 시간은 우리의 심리 구조에 유의미한 진화가 일어나기에는 턱없이 짧은 시간이었다. 그래서 "우리의 현대적인 두개골 안에는 석기시대의 마음이 들어있다."라는 말이 나온다. 이런 이유로 우리 마음은 현대 사회에서 여러 가지 새로운 문제를 접할 때 불편함을 느낀다. 모닥불의 불빛을 암컷이 내는 교미 신호로 오해하여 불 속으로 뛰어드는 불나방처럼, 우리의 마음은 진화의 역사에서 한 번도 만나보지 못한 문제를 오해해 곤경에 빠질 수 있다는 것이다.

사바나 초원

　인간의 마음은 태어날 때 텅 빈 백지였다가, 사회의 독특한 문화나 사회화 과정이 그 백지에 구체적인 내용을 써놓는다고 주장하는 사회과학자들이 있다. 그러나 진화생물학의 관점은 다르다. 진화생물학자 윌리엄 해밀턴은 "인간 본성의 서판은 결코 비어있지 않다. 이제 그 서판이 읽히는 중이다."라고 했다. 그의 주장에 따르면, 인간의 마음은 수백만 년의 아프리카 초원 생활 동안 자연선택이 다듬어 놓은 것이다. 다시 말해, 인간의 마음은 과거 환경의 적응적 문제들을 풀기 위해 자연선택 된 수많은 해결책의 묶음이라는 것이다. 따라서 태어날 때 인간의 마음은 텅 빈 백지가 아니라 과거로부터 전해진 행동 지침들이 빼곡하게 새겨져 있다. 그리고 이러한 행동 지침들이 인간의 본능과 본성으로 자리 잡았다. 이것이 진화생물학의 관점이다.

물에 대한 인류의 본능과 본성[5]

우리의 마음이 수백만 년 동안 아프리카 사바나 초원에서 생활한 것에서 기인한 것이라면, 지금 우리가 주변의 풍경을 바라보며 느끼는 정서는 안전한 생존을 위해 유랑했던 그 조상들의 마음일 것이다. 그리고 우리가 잊고 있었던 우리의 본능과 본성이 거기에 있을 것이다. 그렇다면 물에 대해서는 어땠을까? 물에 대한 우리의 본래 마음은 어떤 것이었을까? 그 마음을 찾기 위해 수렵과 채집의 환경을 상상해 보자.

모든 동물에게 서식처를 찾는 것은 생존과 번식을 좌우하는 아주 중요한 문제이다. 인간은 어떤 서식처를 선택했는가? 사막과 극지방, 정글과 목초지 등 지구상의 다양한 환경 중 인간은 여기저기 적당한 나무들이 자라고 있는 푸른 초원을 선택했다. 잡식성인 인간에게는 그곳이 최선의 환경이다. 울창한 정글은 높은 나무에 매달린 열매 말고는 마땅히 인간이 먹을 만한 것이 없기에 척박한 땅이나 다를 바가 없다.

사바나의 초원은 우리 조상들에게 필요한 거의 모든 것을 갖추고 있다. 첫째로, 지상으로부터 2m 이내에 동식물들이 있으므로 먹을 것이

---

[5] 전중환 (2010). 오래된 연장통 – 인간 본성의 진짜 얼굴을 만나다, 사이언스 북스

풍부하다. 둘째로, 나무가 있어 그 아래에서 비바람과 햇빛을 피할 수 있고 맹수가 나타나면 나무 위로 오를 수 있다. 세 번째로, 시야가 탁 트여 있어 맹수나 적이 오는 것을 살펴보기에 좋다. 네 번째로, 지형의 고도가 다양하여 높은 곳에 올라가 주변의 길을 찾기 쉽다. 그러나 이 초원에서도 특히 더 선호하는 곳이 있으니, 바로 물이 있는 지역이다. 물이 있는 푸른 들판이나 사막의 오아시스는 가장 훌륭한 생존 환경으로, 우리 조상들은 자연스럽게 물이 있는 곳을 찾아 이동했을 것이다.

안전한 서식처를 선호하는 것은 생존의 본능이다. 이런 본능적인 선호로부터 이후에는 공간에 대한 미적 선호가 함께 진화했다고 한다. 즉 어떤 공간적인 지형이나 내용에 대해 정신적으로 아름답다고 느끼게끔 진화했다는 것이다. 예를 들어 인간은 남에게 들키지 않고 바깥을 내다볼 수 있는 공간을 선호하는 성향이 있는데, 이는 열린 시야로 먹을 것을 쉽게 찾으면서도, 위협을 방어하는 데 유리하기 때문이다. 그래서 시야를 확보할 수 없는 머리 위쪽이나 등 뒤를 가려 주는 공간을 본능적으로 선호하는 것이다. 산등성이의 동굴이나 푸른 초원 위의 집 같은 풍경이 우리의 마음을 사로잡는 것도 이런 이유이다. 풍수지리에서 배산임수의 집, 즉 뒤에 산이나 언덕이 있고 앞으로 강이나 개울을 바라보는 집을 높게 쳐주는 것에도 안정적인 서식처를 찾는 진화적 본능이 깔려 있다. 이는 어디에 거주해야 물과 음식을 쉽게 구하고, 위험을 피할 수 있는지를 직관적으로 아는 본능적인 유산이다. 결국, 자연의 아름다움이란 자연 그 자체에 내재한 실재가 아니라, 인간이 오랜 세월 진화하면서 생존과 번식에 유리한 특정한 환경을 잘 찾아내도록 발전한 본능과 본성의 정서라고 할 수 있다.

아프리카 사바나의 환경은 여러모로 훌륭하지만 딱 한 가지 부족한 것이 있었다. 바로 물이다. 물이 없다는 것은 지속적인 생존과 번식이 불가능함을 의미한다. 물이 부족한 사바나에서 대부분 시간을 보낸 인류의 조상들은 물이 간절했고, 그러다 보니 어느덧 물에 대한 미적 쾌감을 느끼게 되었다. 어떤 장소이건 물만 있으면 평화롭고 안정됨을 느끼게끔 진화한 것이다. 이제 물을 신성하게 여기고, 물에서 심미적인 아름다움을 느끼는 것은 인간의 본성이 되었다. 생존의 본능이 심리적 기제로 진화한 결과로 인류는 물이 없는 환경에서는 존재할 수 없게 된 것이다.

물에 대한 정서적인 반응은 단순히 마음속에서만 있는 것이 아니라, 현실의 행동에도 나타난다. 한 연구에서 백화점이나 쇼핑몰에 설치된 분수대가 고객들에게 끼치는 영향을 조사했다. 그 결과, 분수대의 물이 말랐을 때보다 물이 솟아오를 때 고객들은 점원들에게 더 자주 말을 걸고, 실제 판매액도 더 높은 것으로 나타났다. 이는 본성으로 진화한 우리의 물에 대한 애착을 말해준다. 굳이 물가에서 휴가를 즐기는 것도 물을 사랑하는 우리의 본성 때문이다.

우리의 본성이 머무를 물 윤리의 집을 짓자

진화생물학에서는 물에 대한 인간의 사랑은 수백만 년 동안 물이 생존과 번식에 도움이 되었기 때문에 본성으로 진화되었다고 한다. 하지만 현재의 지구에서 물이 오염되고 고갈되는 사태를 보면, 과연 그런 본성이 남아 있기나 하는지 의문이 든다. 이는 우리의 생존과 번식이 위험해져 또 다른 방식으로 진화할 수 있음을 경고한다. 물론 진화의 시간을 고려할 때, 우리는 그것을 직접 체감할 수는 없다. 인간의 몇 세대가 지나도 황폐해진 물의 영향으로 우리의 후손들이 전혀 다른 존재가 되지는 않을 것이다. 그러나 자연선택으로 수백만 년 동안 진행된 진화의 역사를 되돌아보면, 결코 낙관적이지 않다는 것을 알 수 있다.

물을 향한 우리의 본성을 되찾는 일은 현대 사회의 질서와 어울리지 않을 수 있다. 그만큼 많은 저항과 난관이 있을 것이다. 오늘날 물의 가치는 경제적 이익을 중심으로 형성되어 있다. 수렵·채집 시대의 순수한 본능과 심리적 감정과는 전혀 다른 것이다. 그러므로 우리의 본성을 되살리는 것은 우리 사회의 지배적인 가치관을 재고하는 일이 되어야 한다. 경제적 차원이 아닌 윤리적 차원의 가치관으로 우리의 삶과 사회를 바라봐야 한다는 말이다. 이는 우리에게 커다란 도전이 될 것이다.

우리는 오랜 세월 동안 인간의 본성이 자신이 살아가는 사회와 문화에 의해 후천적으로 형성된다는 개념을 받아들여 왔다. 그러나 진화생물학과 신경과학, 사회심리학에서 이루어진 최근의 연구는 기존과는 다른 관점을 내놓고 있다. 그 연구들은 인간의 보편적인 도덕 본능은 주입된 것이 아니라, 진화된 것이라고 주장한다. 오랜 세월에 걸친 자연선택으로 형성된 도덕 본능으로 우리는 옳고 그름을 판단한다는 것이다.[6]

도덕과 윤리는 비슷한 개념이지만 약간의 차이가 있다. 도덕은 '옳거나

---

6 전중환 (2010). 오래된 연장통 - 인간 본성의 진짜 얼굴을 만나다, 사이언스 북스

그른 것'에 대해 사회 구성원이 지켜야 할 규범과 가치를 의미한다. 이런 도덕은 개인의 차원에 적용되며, 삶의 전 영역에 영향을 끼친다. 또 도덕은 상대적이라, 지역과 문화에 따라 서로 다른 도덕적 가치가 존재할 수 있다. 도덕은 옳고 그름을 판단하는 기준이며, 명확하게 정해진 규범이나 법률을 준수하는 윤리적 행동으로 이어진다.

윤리는 올바른 행동이나 생각의 길, 정당한 방향을 찾아가는 것을 의미한다. 이는 도덕적인 가치를 실제 상황에 적용하고 행동할 때 고려해야 하는 모든 측면을 포함한다. 윤리는 특정한 규칙이나 지침과 밀접하게 관련되어 있으며 종종 법률이나 도덕과 관련이 있을 수 있다. 또 윤리는 주로 개인보다는 사회와 관련된 것으로 여겨지며, 사회적 규범을 제시하고 이를 따르는 행동을 촉진하는 역할을 한다. 따라서 윤리는 인간 사회의 삶의 방식과 운영에 큰 영향을 미치는 개념이다.

도덕과 윤리는 종종 함께 사용되어 혼용된다. 현대적인 시각에서 윤리는 건전한 사회적 행동의 영역으로 여겨지며, 개인과 주변 환경 간의 도덕적 관계를 나타낸다. 이에 비해 도덕은 개인이 내면적으로 선을 추구하는 행동 규범을 의미한다. 그런데 윤리 진화론적 관점에서는 인간과 인간의 관계뿐만 아니라, 인간과 자연의 관계에서도 어떤 책임과 도덕적 의미가 필요하다는 성찰을 제기하고 있다.[7] 그리고 이는 '땅 윤리', '환경 윤리', '생태 윤리', '물 윤리' 등으로 그 영역을 넓혀가는 중이다.

미국의 자연 보호론자인 알도 레오폴드(Aldo Leopold)는 자연을 우리가 단순히 이익을 위해 소비하는 대상으로 보지 않고, 자연의 건강과 행복까지

---

[7] 왕남 (2022). 先秦 儒家·道家의 생태윤리사상 비교 분석을 통한 현대적 시사점 연구, 군산대학교 대학원 중국학과 박사학위논문

포함하여 고려하는 윤리를 확장하는 것은 진화적 관점에서 가능하고, 생태적인 필연성이라고 했다. 윤리는 인류의 역사를 통해 진화해왔다.

레오폴드는 1947년에 발표한 '땅 윤리'에서 그리스 신화의 오디세우스가 10년 동안 트로이 전쟁을 치르고, 10년 동안 집으로 돌아오는 긴 고난의 여정을 끝낸 후 행했던 이야기를 예로 들면서 우리의 윤리가 어떻게 발전해 왔는지를 보여준다. 오디세우스의 아내와 아들은 그가 없는 동안 여자 노예들이 잘못된 행동을 했다고 의심하여 십여 명을 모두 한 밧줄에 매달아 죽인다. 오늘날에는 대량 살인으로 여겨질 사건이지만, 그 시대에는 윤리적으로 정당했다. 이것은 고대 그리스 시대에 '옳고 그름'이라는 개념이 없어서가 아니라, '소유물'인 노예를 주인 마음대로 처분하는 것은 윤리의 대상이 아니었기 때문이다.[8] 하지만 그 후 3,000년 동안 윤리 규범은 확장되었고, 개인적인 편의와 이익에 의한 행동영역은 축소되었다. 도킨스[9]에 의하면 21세기를 지배하는 도덕적 가치관은 100년 전과 비교해도 눈에 띄게 다르다고 한다. 노예 해방, 여성 참정권, 동성애의 허용 등은 진화하는 윤리를 보여준다. 이러한 진화는 인간과 물 사이의 관계도 윤리의 영역으로 가져올 가능성을 마련해준다.

---

8 송명규 (2000). 알도 레오폴드(Aldo Leopold)의 토지 윤리, 숲과 문화, Vol. 9, No. 4, 숲과 문화연구회 pp 39-71
9 리처드 도킨스/김명주 옮김 (2021). 신, 만들어진 위험, 김영사

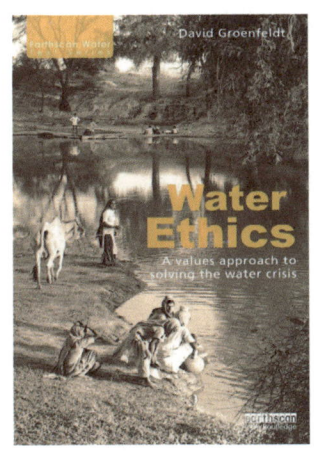

그렌펠트의 물윤리 도서

그렌펠트[10]는 "우리가 가지고 있는 물과 관련된 행동과 타인의 반응에 영향을 주는 원칙이나 규율"이 바로 물 윤리라고 말한다. 이는 현실의 물 환경에서 우리 가치를 행동으로 실현하기 위해 채택하는 원칙을 말한다. 물에 대한 윤리적 성찰은 우리가 가지고 있는 물의 가치를 이해하고 물과 함께 공존해야 할 원칙을 수립하여, 물과 관련한 행동에 어떤 변화를 주어야 하는가를 결정하는 데 도움을 준다. 우리가 사는 이 시대에는 물과 관련된 의사결정은 법과 제도에 의해 이루어진다. 댐 건설, 제방 축조, 물 공급, 수질 관리, 수생태계 보전 등 거의 모든 분야에 관련된 법과 규범이 존재한다. 당연히 법과 규정은 인간 중심적인 것으로, 인간의 경제적 이익, 편의, 안전이 최우선으로 고려된다. 하지만 이제는 물의 영역에서

---

10 Groenfeldt, D. (2013). Water Ethics: A values approach to solving the water crisis, Routledge.

경제적 가치와 더불어 환경, 사회, 문화, 거버넌스 측면의 가치도 고려하는 윤리적인 확장이 필요할 때이다. 왜냐하면, 그것이 우리의 생존을 지속하게 하는 것이며, 물에 대한 우리의 본성이기 때문이다. 물론 그동안 우리는 물에 대한 여러 제도를 개선해 왔다. 선진국을 중심으로 마련된 수질 보전에 관한 규제와 법령 그리고 기후협약 등이 그런 것들이다. 하지만 이런 제도는 정치적 이해에 따라 얼마든지 뒤집힐 수 있다는 것을 우리는 익히 경험해 알고 있다. 그러므로 제도나 법령이 아닌 확고한 윤리적 원칙을 세우고 우리 스스로 내재화하는 것이 필요하다. 윤리적 차원에서는 비양심적인 행동으로 낙인찍히는 것이 가장 큰 위력이다. 의도적인 오염이나 기후협약의 탈퇴 같은 것들은 가차 없이 배척당할 것이다. 이는 정치적으로 자유로운 의사결정이다.

물 윤리는 물과 관련된 정책과 사업, SOC 등에서 어떤 의사결정을 하는데 창의적이고, 혁신적인 아이디어를 제공할 수도 있다. 물에 관한 의사결정은 환경, 사회, 경제에 큰 영향을 미치기 때문에 여러 이해관계가 고려되어야 한다. 물을 이용해 농사를 짓는 사람들의 이해, 물을 관리해야 하는 정부의 이해, 수력 자원을 활용하거나 관개에 관련된 사업을 진행하는 산업계의 이해 등 다양한 이해가 충돌하고 있기 때문이다. 게다가 여기에 자연으로서 물 환경 자체의 이해도 더해져야 한다. 이런 상황에서 누구의 이해도 소외되지 않고 균형을 이루게 하는 것이 바로 물 윤리이다. 다시 말하지만, 경제적인 이익만 들이대던 지금까지의 법과 제도만으로는 물의 지속 가능성을 보장할 수 없다. 당연히 우리의 생존과 번영도 보장할 수 없다. 하지만 우리가 물 윤리를 규범화하려 할 때 반드시 경계해야 할 것이 있다.

물 윤리가 인간 중심과 생태 중심 중 하나를 선택해야 하는 이분법적인 규범이 아니라는 점이다. 인간과 자연은 서로 마주하고 소통하는 관계여야 한다. 우리가 필요한 것은 인간과 자연의 도덕적 관계가 이루어지는 윤리이다. 어느 한쪽의 일방적인 주장이나 희생은 물 윤리에서 반드시 피해야 할 요소이다.

물 윤리는 수백만 년 동안의 진화를 통해 우리 안에 새겨진 본성을 되찾기 위한 첫걸음이다. 이를 위해 우리는 물 윤리가 안정적으로 머물 수 있는 다양한 제도의 집을 지어야 한다. 그 집들이 물과 관련된 지금 시대의 고난으로부터 우리를 보호하여 미래의 세대까지 이어지게 할 것이다.

3-4

흐르는 물은 외롭지 않다

흐르는 물은 외롭지 않다

 차갑다, 시원하다, 부드럽다, 흐른다, 맑다, 아름답다 ……. 물의 특성을 표현한 말들이다. 우리는 주로 감각을 이용해 물의 외적인 특징을 포착하고, 다양한 감정과 정서를 느낀다. 이것이 평범한 우리가 물을 인식하는 과정이다. 그런데 이 세상에는 전혀 다른 차원으로 물을 바라보는 사람들도 있다. 바로 인문학의 눈을 가진 사람들이다. 현인들은 물의 본성을 탐구하여 세상 만물의 진리를 깨닫는다. 예술가들은 보이는 물에서 보이지 않는 물을 창조해낸다. 감각 너머의 것을 찾아가는 이들의 사유와 창작 활동은 물을 물 이상이 되게 하여, 우리를 심오한 세계로 이끈다. 인문학이 안내하는 물의 세계를 탐험해 보자.

흐르는 물처럼 세상은 나아간다

BC 5세기, 공교롭게도 거의 같은 시기에 동서양의 두 철학자가 물의 진리에 대해 말했다. 중국 춘추전국시대의 성인 공자((BC 551-479)와 고대 그리스 이오니아의 철학자 헤라클레이토스(BC 540-480)가 그들이다.

공자는 노나라의 냇가에서 흘러가는 물을 보고 사색하다 이렇게 말했다. "가는 것이 이와 같구나. 밤낮을 쉬지 않는구나." 이 말은 〈논어〉 「자한(子罕)편」에 언급되고 있는데 원문은 '子在川上曰 逝者如斯夫 不舍晝夜'이다. 여기에서 천상지탄(川上之嘆)이라는 성어가 나왔는데, 이는 공자가 흐르는 물 앞에서 다시 돌아오지 않는 만물의 변화를 탄식했다는 해석이다. 공자가 제자들과 14년 동안 천하를 주유하였으나 그 뜻을 이루지 못하고 노나라로 돌아온 때이기에, 탄식의 말로 들릴 수도 있다.

흐르는 강

그러나 공자의 이 말을 단순한 한탄으로 해석해서는 안 된다. 〈주역〉의 산수몽괘에서는 멈추지 않고 정진하는 물의 성실한 덕성을 이야기한다. 몽괘에서 설명하기를, 산 밑의 샘물은 졸졸 흐르는 어린 물이지만, 도랑을 이루고 거친 계곡을 거치며 멈추지 않고 강으로 흘러간다. 그리고 먼 여정의 고난을 인내하여 마침내 바다에 이르러 진리를 얻는다. 이런 물의 덕성을 잘 알고 있는 공자가 세월의 무상함을 탓했을 리가 없다. 오히려 물이 쉬지 않고 흐르듯 미래에 대한 희망을 버리지 말고 정진하라는 뜻으로 해석해야 한다.

맹자는 공자의 말을 영과(盈科: 구덩이를 채움)의 취지로 해석하고, "은원이 있는 샘물은 퐁퐁 솟아 나와 아래로 흐르며 밤낮을 멈추지 않는다. 그리고 파인 구덩이들을 모두 채우고 난 뒤에야 앞으로 나아가 마침내 사방의 바다에 이른다."라는 말로 풀이했다. 또 주희는 "천지의 조화는 가는 것이 지나가고 오는 것은 계속되어 한순간도 쉬지 않는다. 이것이 바로 도체(道體)의 본래 그러한 모습이다."라고 풀이했다.[11] 후대의 이런 풀이를 볼 때 공자가 물을 보고 말한 세상의 이치는 물이 멈추지 않고 흐른다는 천류불식(川流不息), 즉 '지속적인 노력'의 뜻이라고 봐야 할 것이다. 이렇게 공자에게 물은 그저 물이 아니라, 세상의 진리를 담고 있는 도(道)의 장이었다.

헤라클레이토스(BC 540-480년)는 고대 그리스 이오니아의 에페소스에서 태어났다. 헤라클레이토스 이전의 철학자들은 참된 진리는

---

11 심경호 (2013). 심경호 교수의 동양 고전강의 논어 2, 믿음사, p. 42-43.

감각으로 얻어진다고 생각했다. 사물의 본 모습을 파악하기 위해서는 직접 접촉하여 보고, 듣고, 만지고, 맛보고, 냄새 맡아 보는 것이 무엇보다도 중요하다는 것이다. 하지만 헤라클레이토스는 감각은 사물의 겉모습만 보여줄 뿐, 사물의 본질에 대한 인식을 끌어내기에는 불충분하다고 생각했다. 따라서 세상의 진리를 찾으려면 감각 이상의 작용이 필요하다고 주장했는데, 그 작용을 '사유' 또는 '생각'이라고 했다. 이것을 '지성에 의한 추론'이라고 한다.

지성은 감각이 경험한 것을 통해서 대상의 본질을 통찰하는 능력이다. 헤라클레이토스는 감각과 지성이 함께 해야 진리를 찾을 수 있다고 생각했다. 그는 감각적 경험에만 빠져 있는 지식인들을 비판하면서 "듣고도 이해하지 못하니 그들은 귀머거리와 같다.", "사람들은 생각하지도 못하고, 배워도 알지 못하지만, 자신들이 안다고 여긴다.", "박식하다고 지성이 생기는 것은 아니다." 등의 말을 남겼다.[12]

헤라클레이토스는 자신이 발견한 진리를 '로고스'라고 지칭하며, 세상의 모든 것은 로고스에 따라 생긴다고 했다. 즉, 로고스가 우주 만물이 존재하는 방식이자 모든 사물의 공통된 원리라는 것이다. 그렇다면 그는 물에서 어떤 로고스를 찾았을까? 헤라클레이토스가 남긴 유명한 말이 "우리는 같은 강물에 두 번 발을 담글 수 없다."이다. 계속 흐르는 강에서 물은 멈추지 않기에 순간순간 다른 물이며, 우리 자신도 이미

---

12 김주연 (2021). 철학사 수업 1 - 고대그리스철학, 사색의 숲, p 127-149.

달라졌다는 의미이다.[13] 헤라클레스가 물을 통해 발견한 로고스는 바로 "만물은 흐른다."라는 진리이다. 이렇게 전혀 다른 사회에 살았던 공자와 헤라클레이토스이지만, 물에 대해서는 같은 진리를 발견했다. 그것은 만물은 물과 같이 멈추지 않고 흐른다는 세상의 참된 본질이다. 그것은 '변화'에 대한 자각으로, 모든 사물이 변화하고 순환한다는 동양의 〈주역〉 사상과 일치한다.

움직이는 물, 움직이는 삶

스웨덴 팝 슈퍼그룹 ABBA의 인기곡 'Move On(멈추지 말고 나아가세요)'은 오랜 세월이 지나도 여전히 많은 사람의 사랑을 받고 있다. 이 노래는 1977년 앨범 'ABBA: The Album'에 수록된 왈츠 곡으로, 삶은 계속 전진하고 있으며, 우리가 발전하고 진화해야 한다는 메시지를 전달하고 있다. "Like a roller in the ocean, life is motion. Move on. (바다의 파도처럼, 삶은 움직임이에요. 멈추지 말고 나아가세요)"라는 가사는 우리의 삶을 자연의 현상과 연결하여 끊임없는 흐름과 변화를 강조하고, 새로운 시작에 대한 희망을 전달한다. 삶을 움직임(motion), 흐름(flowing), 시작(dawning)으로 표현하며, 이런 삶을 통해 우리는 항상 변화하고 발전해야 한다는 것이다.

---

13 요하네네스 힐쉬베르거 지음/ 강성위 옮김 (1983). 서양철학사: 상권·고대와 중세, 이문출판사, p 35.

스웨덴의 팝 슈퍼그룹 ABBA 공연

이 노래는 움직이고 변화하는 삶을 바람과 태양으로도 비유한다. "Like a wind that's always blowing, life is flowing. Move on. (항상 불어오는 바람처럼, 삶은 흐름이에요. 멈추지 말고 나아가세요)"는 바람처럼 삶은 정지된 것이 아니라 계속해서 흘러가니 우리는 그 흐름에 따라 움직여야 한다는 것을 노래한다. 또 "Like the sunrise in the morning, life is dawning. Move on. (아침에 떠오르는 태양처럼, 삶은 시작되어요. 멈추지 말고 나아가세요)"는 아침에 떠오르는 태양이 새로운 하루를 알리듯이 삶도 항상 새로운 시작을 향해 진행되고 있다는 것을 노래한다. Move on! 삶은 움직이는 것이다! 세대를 초월하여 많은 사람에게 영감을 주고 있는 ABBA의 음악은 우리가 살아가면서 마주치는 변화와 도전에 대처하는 방법을 상기시킨다.

바다는 밀물과 썰물 사이에서 자신만의 리듬을 가진다. 파도는 저 멀리 물러났다 같은 거리만큼 되돌아온다. 이는 사라지면 다시 태어나고, 비우면 다시 채워지는 소식영허(消息盈虛)의 이치와 같은 것이다. 우리의 삶에도 영원한 것은 없다. 우리에게 멀어져 간 것은 언제가 다시 돌아온다. 물론 정확한 거리로 돌아오는 파도와는 다르겠지만, 그래도 파도가 전하는 진실에 귀를 기울여야 한다. 멀어져 간 것은 다시 돌아온다. 이것은 자신의 마음속에서 회복하고 도약하는 힘을 찾을 수 있다는 진실이다. 회복은 우리가 가진 것을 전부 비울 수 있는 능력이다. 어려워 보여도 우리는 바다의 밀물과 썰물의 진실을 따라야 한다.[14]

멈추지 않고 움직이는 바다의 파도

인생은 풍요로운 시기와 궁핍한 시기가 있다. 이러한 불안정을 어떻게 극복할 것인가? 방법은 간단하다. 파도와 같은 삶을 살아가면 된다. 파도는 물러나고 밀려오는 것에 개의치 않는다. 마찬가지로 산다는 것은 그냥 그런

---

14 로랑스 드빌레르 지음/ 이주영 옮김 (2023). 모든 삶은 흐른다, FIKA[피카], p 46-53.

것이다. 파도처럼 살고자 한다면, 우리 삶에 다가오는 모든 것을 한 발짝 떨어져 바라봐야 한다. 지금 당장 흐르는 물인지 고인 물인지, 밀물인지 썰물인지 알 필요는 없다. 그저 오는 것을 그대로 받아들이자.

나를 사로잡는 물, 물에 사로잡히다

1992년에 개봉한 미국의 영화〈흐르는 강물처럼〉은 우리에게 상선약수(上善若水)의 감동을 전해준다. 1976년에 발표된 노먼 메클린의 반자전적 소설〈A river runs through it〉를 바탕으로 만들어진 이 영화는 미국 몬테나 주를 배경으로 목사와 두 아들의 이야기를 따라가며, 강과 낚시의 은유를 통해 삶과 죽음, 가족과 사랑, 그리고 포용에 대해 그려내고 있다.

영화「흐르는 강물처럼」포스터

소설 『A River Runs Through It』에서 강은 다양한 상징성을 지니고 있다. 먼저, 강은 삶의 여정과 인간의 성장을 상징하는 매개체이다. 이 소설에서 강은 시간의 흐름에 따라 변화하며, 주인공 매클린 형제는 강의 흐름에 따라 삶의 여정을 나아간다. 이를 통해 작가는 우리의 삶은 변화를 통해 성장한다는 것을 강조하고 있다.

> "이 강은 우리가 제일 잘 아는 강이다. 동생과 나는 20세기 초부터 빅 블랙풋에서 낚시를 했다. 그전에는 우리 아버지가 이곳에서 낚시를 했다. 우리는 그것을 가족의 강 혹은 우리의 일부라고 생각했다."[15]

또 강은 어려움과 위험을 상징하는 매개체이다. 강은 여유롭고 아름다워 보이지만, 때로는 폭포와 급류처럼 어려운 구간도 있다. 이는 삶에서 마주치는 역경과 같은 것으로, 주인공들도 강을 따라가며 가족 간의 갈등, 인생의 어려움, 상실과 좌절에 직면한다. 이를 통해 작가는 우리가 성장하기 위해 이런 것들을 극복해야 한다는 메시지를 전한다.

> "강물 위의 아지랑이들이 내 앞에서 군무를 추면서 서로 들락날락하는 동안, 내 인생의 패턴이 그 강의 패턴과 합류하는 것을 느낄 수 있었다. 이곳에서 동생을 기다리는 동안 이 스토리가 시작되었다. 그 당시에는 인생의 스토리가 종종 책보다 강과 비슷하다는 것을 뚜렷하게 알지 못했다. 하지만 스토리가 이미 시작되었다는 것을 알았다. 어쩌면 그보다 더 오래전에 강물 소리에서 이 스토리가 시작되었는지 모른다. 그리고 장차 앞날에 결코 침식되지 않는 어떤

---

15 노먼 매클린 지음/ 이종인 옮김 (2014). 흐르는 강물처럼, 연암서가, p 58.

단단한 것을 만나게 되리라고 느꼈다. 그러면 인생의 강물은 급격한 회전을 하고, 깊은 동그라미를 그리고 이어 단단한 잔재물을 남기고서 정적으로 빠져들 것이다."[16]

강은 또 연결과 유대를 상징하는 매개체가 되기도 한다. 이 소설에서 매클린 형제는 강을 통해 깊은 유대감을 형성한다. 함께 낚시하며 보내는 시간은 형제간의 연결고리이며, 자연과 조화로워지는 경험이다. 이를 통해 서로를 이해하고 존중하는 관계가 형성된다. 함께 살아가는 중요성이 강조되는 부분이다.

"우리는 강둑에 앉았고, 강물은 흘러갔다. 언제나처럼 강물은 그 자신을 상대로 소리를 냈고, 동시에 우리를 위해서도 소리를 냈다. 나란히 앉아 있는 세 사람 중에서 강물이 건네주는 말을 우리 부자보다 더 잘 하는 사람을 찾아보기 어려울 것이다. 강은 아주 많은 말을 하고 있기 때문에 그것이 우리 각자에게 무슨 말을 하고 있는지 딱 꼬집어 내기가 쉽지 않다."[17]

영화 〈흐르는 강물처럼〉의 마지막 장면은 인상적이다. 노인이 된 노먼 매클린이 낚시하면서 독백을 하는 장면이다.

"내가 젊었을 때 사랑했으나 이해하지 못했던 사람들은 이제 거의 다 죽었다. 그러나 난 아직도 그들과 교감을 하고 있다. (낚싯줄을

---

16 노먼 매클린 지음/ 이종인 옮김 (2014). 흐르는 강물처럼, 연암서가, p 137.
17 노먼 매클린 지음/ 이종인 옮김 (2014). 흐르는 강물처럼, 연암서가, p 197.

꿰면서) 물론 이제 나는 훌륭한 낚시꾼이 되기에는 너무 늙었다. 말리는 친구들도 있지만 나는 홀로 큰 강에서 낚시를 하곤 한다. (강가에 홀로 선 노먼) 어슴푸레한 계곡에 홀로 있을 때면, 모든 사물들이 하나의 존재로 환원된다. 거기에는 나의 영혼과 과거 기억들, 강물 소리, 낚싯줄을 던지는 네 박자 리듬 그리고 송어가 잡히길 바라는 희망이 녹아있다.[18]

결국 이 모든 것들이 하나로 융합되고, 그 속으로 하나의 강이 흐른다. 이 강은 세상의 대홍수로 인해 생겨났고, 태초부터 바위의 위로 흘러간다. 어떤 바위에는 태곳적의 빗방울이 새겨져 있다. 그 바위들 아래에는 말씀이 있고, 그중 어떤 것은 그 바위들의 말이다. 강은 나를 사로잡았고, 나는 강과 하나가 된다."[19]

노먼의 독백은 삶의 흐름을 자연에 흐름에 비유하여 묘사하고 있다. 강은 모든 것이 하나로 융합되는 것을 의미하는 상징이다. 대홍수로 인해 형성된 강은 세계의 역사와 시간을 담고 있으며, 강을 따라 흐르는 바위들은 멈추지 않고 내린 빗방울과 함께 시간을 초월한 흔적을 간직하고 있다. 그 바위 아래 진리가 있으니, 그것은 바로 인생에 대한 깨달음이다. 이를 주인공은 "강은 나를 사로잡았다."라고 고백한 것이다.

---

18 노먼 매클린 지음/ 이종인 옮김 (2014). 흐르는 강물처럼, 연암서가, p 200-201.
19 이봉희 (2002). 흐르는 강물처럼, 스크린영어사, p.183-184.

버트란드 러셀[20]은 강물의 비유를 통해 개별적인 인간 존재가 삶의 여정에서 어떻게 죽음에 대한 두려움을 극복할 수 있는지 이야기한다.

"개별적인 인간 존재는 강물 같아야 한다. 처음에는 미약하다가 좁은 강둑을 따라 흐르게 되고, 때가 되면 열정적으로 바위들을 지나 폭포 위로 돌진한다. 강폭이 점점 더 넓어지고 제방이 멀어지면 강물은 더욱 빠르게 흐르며, 마침내 눈에 띄는 휴식도 없이 바다와 합쳐지고 나면 아무런 고통 없이 자신의 개별적인 존재를 잃어버린다. 나이가 들었을 때 자기 삶을 이런 식으로 볼 수 있는 사람은 죽음에 대한 두려움으로 고통 받지 않을 것이다. 개별적인 존재는 소멸되더라도 그가 소중하게 여기는 것들은 지속될 테니까. 게다가 활력이 사라지고 피로감이 커지면 이제는 쉴 수 있다는 생각 또한 반가울 것이다."

러셀은 우리의 삶이 강과 같다고 말한다. 처음에는 작고 좁게 시작하시만 진행됨에 따라 열정적이고 강력해지며, 도중에는 장애물을 만나 극복하기도 하고, 그렇게 넓어지고 빠르게 흐르다, 결국은 바다와 합쳐져 고통 없이 개별적으로 존재함을 잃어버리게 된다는 것이다. 그러므로 자신의 물리적 소멸을 두려워할 것이 아니라, 삶의 자연스러운 진행으로 이해하라고 말한다.

흐르는 물은 매 순간 변화한다. 그래서 흐르는 물은 매 순간 새로운 만남이다. 그러니 어찌 외로울 수 있겠는가. 우리의 몸과 마음을 저 흐르는 물처럼 되게 한다면, 우리는 멈추지 않고 영원히 순환하는 존재가 될

---

20 버트란드 러셀/ 최혁순 옮김 (1971). 나는 무엇을 위해 살아왔는가, 문예출판사. p 30.

것이다. 그렇게 하여 우리는 영원히 외롭지 않을 것이다.

맺음말

순환하는 물

머무르지 않고 흐른다. 이 고유한 본성으로 인해 물은 오랫동안 철학에서 삶의 지혜를 상징해 왔습니다. "최고의 선은 물과 같다."(노자), "가는 것은 이와 같구나! 밤낮을 가리지 않는구나."(공자), "같은 강물에 두 번 발을 담글 수 없다."(헤라클레이토스), "인간의 존재는 강물과 같아야 한다."(버트런드 러셀) 등의 말 속에는 물처럼 유연하게 변화하는 삶에 대한 깨달음에 담겨 있습니다.

철학자들에게 물은 단순한 자연이 아닙니다. 『주역』의 산수몽(山水蒙)괘는 산 밑에서 솟아나는 작은 물이 시내를 이루고 강으로 흘러 마침내 바다에 이르는 과정이 인간의 성장 과정과 닮아있음을 보여줍니다. 토마스 콜(Thomas Cole)의 『The Voyage of Life』 연작 또한 인생의 여정을 강물의 흐름에 비유하고 있습니다. 하지만 물은 단순히 인생의 메타포만은 아닙니다. 우리는 물이 지닌 궁극적인 의미를 더 깊게 사유해야 합니다.

흔히 물의 최종 종착지는 바다라고 생각하지만, 물은 결코 바다에서 멈추지 않습니다. 만약 바다가 끝이라면 물은 그저 머무르는 존재일 뿐입니다. 물이 가진 더 중요한 본성은 끊임없이 순환한다는 것입니다. 물은 바다에 도달한 후 하늘로 승천하여 구름이 되고, 다시 비로 내려와 온 세상에 생명을 불어넣습니다. 즉 물은 "시작이 있으면 끝이 있다."라는 시종(始終)의 원리가 아니라, "끝과 시작이 하나로 연결된다."라는 종시(終始)의 원리를 따르는 존재라는 것입니다. 이는 우리가 배움과 성장을 멈추지 말아야 함을 시사합니다. 학교를 졸업한다고 해서 배움이 끝나는 것이 아니라, 평생을 두고 배움이 계속되어야 하는 것과 같습니다.

장자의 『추수(秋水)편』에는 황하의 신 하백(河伯)이 북해 바다를 만나 자신의 한계를 깨닫는 이야기가 나옵니다. 하백은 바다를 보기 전까지 자신이 가장 크고 강한 존재라 믿었지만, 끝없는 바다를 마주한 순간 자신이 우물 안 개구리에 불과했음을 자각합니다. 그러나 바다는 자신이 가장 큰 존재라고 생각하지 않는다고 말합니다. 바다를 종착지로 삼지 않고 다시 승천하여 세상을 적시는 비가 되는 물의 덕성을 상징하는 이야기입니다.

물이 승천하기 위해서는 액체에서 기체로 변화하는 과정이 필요합니다.

이는 자기 자신을 태워 새로운 존재로 변화하는 것으로, 이타적인 존재의 의미를 생각하게 합니다. 현대 사회에서 '이타심'은 가장 필요한 덕목 중 하나일 것입니다. 세상의 낮은 곳을 채우며 흐르는 고단한 여정을 끝낸 후, 자신을 태워 올라가 다시 흐르기를 반복하는 물의 겸허한 사랑을 배우는 것이 우리 현대인의 진정한 성장이 아닐까 생각합니다.

혼란스러운 현대 사회에서 우리는 물을 보며 삶의 방향과 가치를 발견해야 합니다. 어떤 난관이 닥쳐도 멈추지 않고 흐르는 물, 자신을 변화시켜 세상을 이롭게 하는 물, 세상의 가장 낮은 곳으로 향하는 물. 이런 물처럼 우리는 나눔과 연대의 기쁨을 위해 정진하고 완성되어야 합니다. 이것이 참된 삶의 가치일 것입니다. 물은 우리에게 육체적 생명수이며, 정신적 생명수입니다.

우리 한 사람, 한 사람은 작은 물방울과 같지만 그런 물방울이 모인 세상이 물처럼 순환하며, 더 나은 미래를 향해 나아갈 수 있기를 바랍니다.

참고문헌

♦ 1장 물, 의미

1-1 탈레스의 물, 신의 세상을 닫고 인간의 세상을 열다!
김주연, (2021). 철학사 수업 - 고대 그리스 철학. 사색의 숲
김필영, (2020). 5분 뚝딱철학: 생각의 역사. 스마트북스
김헌, (2016). 인문학의 뿌리를 읽다. 이와우
버트런드 러셀 지음/정관섭 옮김, (2017). 서양의 지혜/철학이란 무엇인가. 동서문화사.
버트런드 러셀 지음/서상복 옮김, (2013). 러셀 서양 철학사. 을유문화사
앙드레 보나르 지음/김희균 옮김, (2011). 그리스인 이야기2 - 소포클레스에서 소크라테스까지. 책과 함께
요한네스 힐쉬베르거 지음/강성위 옮김, (2006). 서양철학사 상권. 이문출판사

1-2 곤우치수(鯀禹治水) 신화: '막기(湮)'와 '트기(導)'
남종진 (1995). <鯀禹治水>神話變遷考, 중국문학연구 13, 한국중문학회
동양고전DB/동양고전번역서/상서정의 (2023). http://db.cyberseodang.or.kr/front/main
　/mainmenu.do
루쉰소설선/전형준 옮김 (2013). 「홍수를 다스리다」, 아Q정전, 창비
박계옥 (2015). 중국 <鯀禹治水>신화에 나타난 생태철학적 인식, 구비문학연구 제41집,　한국구비문학

1-3 홍수, 하늘이 주는 재앙인가, 은택인가?
"길가메시 서사시", "노아의 방주", "마츄야." 위키백과.
"노아", "마누", "지우수드라." 나무위키.
朴桂玉 (2005). 한국 홍수설화의 신화적 성격과 홍수 모티프의 서사적 계승연구, 조선대학교
　국어국문학과 박사학위 논문.
David A. Leeming (2022). World Mythology: A Very Short Introduction. Oxford
　University Press.
Intergovernmental Panel on Climate Change. "Global Warming of 1.5°C."
　https://www.ipcc.ch/sr15/.
Isa Aemen Sagir (2019) Torrent and Tempest and Flood. An Analysis of the Flood
　Myth Across Cultures, Young Anthropology 01. pp. 1-4.

Humphries, P., Nicole McCasker, and R. Keller Kopf. (2016). "Floods play a vital role in ecosystems – it's time to get out of their way." The Conversation, https://theconversation.com/floods-play-a-vitalrole-in-ecosystems-its-time-to-get-out-of-theirway-66676.

National Oceanic and Atmospheric Administration. "Floods: The Awesome Power." https://www.nws.noaa.gov/om/brochures/floods.shtml.

"Noah", "Epic of Gilgamesh", "Utnapishtim", "Manu", "Flood Myth." Encyclopaedia Britannica.

Mark Isaak (2002). Flood Stories from Around the World. http://home.earthlink.net/~misaak/floods.htm.

Michael Salvador (2011). The Flood Myth in the Age of Global Climate Change, Environmental Communication, Vol 5, No. 1. pp. 45-61.

1-4 물에서 도(道)를 보다, 상선약수(上善若水)의 지혜

김덕영 (2006). 프로메테우스 인간의 영혼을 훔치다, 인물과 사상사
김재홍 (2020). 주역 소통의 인문학 상·하, 상생출판
김재홍 (2023). 주역과 소통 유튜브 강의, https://www.youtube.com/@STBJSD/videos
김재홍 (2023). 소통의 인문학 주역 유튜브 강의, https://www.youtube.com/@STBJSD/videos
김용태 (2008). 힘의 이동(8)-불에서 물로, 김용태마케팅연구소, http://www.mkyt.com/
박혜순 (2011). 도가 관점에서 본 물에 관한 생태 철학적 연구, 서강대학교 철학과 박사학위 논문
장자 지음/ 최상용 옮김 (2017). 내 안의 나를 깨우는 장자 외편, 일상이상
사라 알란 지음/ 오만종 옮김 (2010). 공자와 노자 그들은 물에서 무엇을 보았는가, 예문서원
사마천 지음/ 김원중 옮김 (2022). 사기열전 1, 세계문학전집 407, 민음사
안동림 역주 (2014). 장자, 현암사
최진석 (2021). 나 홀로 읽는 도덕경, 시공사
최진석 (2001). 노자의 목소리로 듣는 도덕경, 소나무
최진석 (2023). 장자철학 유튜브 강의, https://www.youtube.com/@Real--Stone/featured

◆ 2장 물, 지혜

2-1 추상적 사고로 세상을 이해하다- 주역이 보여주는 물 세계
高懷民 著/崇實大東洋哲學硏究室 譯(1990). 中國古代易學史, 崇實大學校 出版部
공영립(1996). 복희씨 시대에 고고학 신화적 이해, 유교사상문화연구, Vol. 8, 한국유교학회, pp. 365~385
곽신환(1991). 주역의 이해: 주역의 자연관과 인간관, 서광사
김세환(2012). <주역> 팔괘와 문자, 중국학, Vol. 42. 대한중국학회, pp. 121~42
김석진 (2019). 새로 쓴 대산 주역강의 상·하경, 대유학당
김재홍 (2020). 주역 소통의 인문학 상·하, 상생출판
도올 김용옥(2023). 도올주역 강해, 통나무
진중권(2014). 미학오디세이 1, Humanist
최진석(2015). 생각하는 힘 노자인문학, 위즈덤 하우스
위키백과. "울주 대곡리 반구대 암각화"
위키백과. "라타미라 동굴"
https://blog.naver.com. "인류 최초 가장 오래된 동굴벽화: 라스코, 알타미라, 쇼베 등 그림의 의미_원시미술 특징"

2-2 물과 우레의 가르침
김석신 (2019). 새로 쓴 대산 주역강의 상·하경, 대유학당
김재홍 (2020). 주역 소통의 인문학 상·하, 상생출판
김재홍 (2023). 주역과 소통 유튜브 강의, https://www.youtube.com/@STBJSD/videos
김재홍 (2016). 주역이 던져준 나침반, 엠인터내셔널
김용옥 (2023). 도올주역 강해, 통나무
장영동 (2009). 주역에 나타나는 '물(☵)'과 '다수'의 상관관계 연구, 원광대학교 동양학대학원 예문화와 다도학과 석사학위논문
정병석 (2011). 주역 상·하권, 을유문화사
신영복 (2015). 담론: 신영복의 마지막 강의, 돌베개
심의용 (2007). 세상과 소통하는 힘 주역, ㈜미래엔
카나야 오사무 지음/ 김상래 옮김 (1999). 도서출판 한울

2-3 물과 산의 만남, 요산요수(樂山樂水)
김석진 (2019). 새로 쓴 대산 주역강의 상·하경, 대유학당

김재홍 (2020). 주역 소통의 인문학 상·하, 상생출판

김재홍 (2023). 주역과 소통 유튜브 강의, https://www.youtube.com/@STBJSD/videos

김재홍 (2016). 주역이 던져준 나침반, 엠인터내셔널

김용옥 (2023). 도올주역 강해, 통나무

장영동 (2009). 주역에 나타나는 '물(☵)'과 '다수'의 상관관계 연구, 원광대학교 동양학대학원 예문화와 다도학과 석사학위논문

정병석 (2011). 주역 상·하권, 을유

2-4 은택의 물과 다툼의 물

김석진 (2019). 새로 쓴 대산 주역강의 상·하경, 대유학당

김재홍 (2020). 주역 소통의 인문학 상·하, 상생출판

김재홍 (2023). 주역과 소통 유튜브 강의, https://www.youtube.com/@STBJSD/videos

김재홍 (2016). 주역이 던져준 나침반, 엠인터내셔널

김용옥 (2023). 도올주역 강해, 통나무

장영동 (2009). 주역에 나타나는 '물(☵)'과 '다수'의 상관관계 연구, 원광대학교 동양학대학원 예문화와 다도학과 석사학위논문

정병석 (2011). 주역 상·하권, 을유문화사

2-5 땅속의 물과 땅 위의 물

김석진 (2019). 새로 쓴 대산 주역강의 상·하경, 대유학당

김재홍 (2020). 주역 소통의 인문학 상·하, 상생출판

김재홍 (2023). 주역과 소통 유튜브 강의, https://www.youtube.com/@STBJSD/videos

김재홍 (2016). 주역이 던져준 나침반, 엠인터내셔널

김용옥 (2023). 도올주역 강해, 통나무

장영동 (2009). 주역에 나타나는 '물(☵)'과 '다수'의 상관관계 연구, 원광대학교 동양학대학원 예문화와 다도학과 석사학위논문

정병석 (2011). 주역 상·하권, 을유문화사

2-6 거듭된 물, 거듭된 시련이 주는 가르침

김석진 (2019). 새로 쓴 대산 주역강의 상·하경, 대유학당

김재홍 (2020). 주역 소통의 인문학 상·하, 상생출판

김재홍 (2023). 주역과 소통 유튜브 강의, https://www.youtube.com/@STBJSD/videos

김재홍 (2016). 주역이 던져준 나침반, 엠인터내셔널

김용옥 (2023). 도올주역 강해, 통나무

김용옥 (2012). 맹자, 사람의 길 下, 통나무

김철호 (2021). [김철호의 맛있는 칼럼] 실패를 한 우리들에게 맹자의 위로 메시지, 고자장(告子章),
　　뉴스클레임 2021년 10월 19일

장영동 (2009). 주역에 나타나는 '물(≡≡)'과 '다수'의 상관관계 연구, 원광대학교 동양학대학원
　　예문화와 다도학과 석사학위논문

정병석 (2011). 주역 상·하권, 을유문화사

선우미정 (2004). 『周易』의 憂患意識에 關한 考察, 동양철학연구 Vol. 37, 동양철학연구회, pp 269-302.

2-7 흩어짐과 모임의 진리, 우물과 파동의 물

강기진 (2018). 주역독해 상·하편, 위즈덤하우스

강신욱 (2015). [뉴시스 앵글]가물어도 마르지 않는 증평 말세우물. 뉴시스. 06. 23

김경방·여소강 지음, 안유경 역주 (2013). 주역전해 상·하, 심산

김석진 (2019). 새로 쓴 대산 주역강의 상·하경, 대유학당

김재홍 (2020). 주역 소통의 인문학 상·하, 상생출판

김재홍 (2023). 주역과 소통 유튜브 강의, https://www.youtube.com/@STBJSD/videos

김재홍 (2016). 주역이 던져준 나침반, 엠인터내셔널

김용옥 (2023). 도올주역 강해, 통나무

정병석 (2011). 주역 상·하권, 을유문화사

2-8 연못이 마르고 넘치는 고난의 물

高懷民 著/鄭炳碩 譯 (1995). 周易哲學의 理解, 文藝出版社

건설저널 (2009). 쓰촨성 두장옌 - 청두평원을 '하늘의 곳간'으로, 건설저널 1월호

김석진 (2019). 새로 쓴 대산 주역강의 상·하경, 대유학당

김재홍 (2016). 주역이 던져준 나침반, 엠인터내셔널

김재홍 (2020). 주역 소통의 인문학 상·하, 상생출판

사오위 지음/오수형 옮김 (2012). 주역에서 경영을 만나다, 사과나무

2-9 끝이며 시작으로 순환하는 물

김석진 (2019). 새로 쓴 대산 주역강의 상·하경, 대유학당

김재홍 (2020). 주역 소통의 인문학 상·하, 상생출판

김재홍 (2023). 주역과 소통 유튜브 강의, https://www.youtube.com/@STBJSD/videos

정병석 (2011). 주역 상·하권, 을유문화사

♦ 3장 물, 지혜

3-1 강을 시(視)하지 말고 관(觀)하라!
김재홍 (2020). 주역, 소통의 인문학 상·하, 상생출판
김주연 (2021). 철학사 수업1 - 고대 그리스 철학. 사색의 숲
나태주 (2020). 부디 아프지 마라, 시공사
저승의 강- 나무위키 (2023). https://namu.wiki/w/%EC%A0%80%EC%8A%B9%EC%9
 -D%98%20%EA%B0%95
주원준 (2021). 구약성경과 신들, 개정판, 한남성서연구소.
최문기 (1998). 환경윤리의 접근 유형과 전개, 인문과학연구 7권, 7호. 서원대학교 미래창조연구원
Cadillac Desert summary from PBS web (2023). site https://www.ldeo.columbia.edu/~martins
 /hydro/case_studies/cadillac_desert.htm
Daniel P. Beard (1994). Remarks of Daniel P. Beard, Commissioner U.S.
 Bureau of Reclamation Before the International Commission on Irrigation
 and Drainage, Varna, Bulgaria, May 18.
Marc Reisner (1993). Cadillac Desert, The revised and updated edition,
 Penguin Books
Laurence C. Smith (2020). Rivers of Power, Little, Brown Spark.
Luna B. Leopold (1977). A reverence for rivers, The keynote address the
 Governor's Conference on the California Drought, Los Angeles, California, March 7.
Thomas V. Cech (2003). Principles of Water Resources: History,
 Development, Management, and Policy, John Wiley & Sons, Inc.
Veronica Strang (2015). Water: Nature and Culture, Reations Books.
吉谷純一, スティーブンP・マロック, 浅野 孝 (1995). 水資源開発の歴史と政策の推移, 河川, No. 591, 10.

3-2 모든 모델은 빗나간다. AI도 그렇다! - 예측을 대하는 올바른 자세
네이트 실버 지음/ 이경식 옮김 (2014). 신호와 소음, 더퀘스트
자크 아탈리 저/ 김수진 역 (2018). 어떻게 미래를 예측할 것인가, 21세기북스
이사야 벌린 저/ 강주헌 역 (2010). 고슴도치와 여우, 애플북스
필립 E. 테틀록, 댄 가드너 지음/ 이경남 옮김 (2017). 슈퍼예측, 알키
James Westervelt (2001). Simulation Modeling for Watershed Management,
 Springer Science+Business Media

Nate Silver (2012). The Signal and the Noise, Penguin

3-3 윤리적 관점으로 물을 생각하다

김형효 (2007). 이기주의와 도덕주의를 넘어서, 마음 혁명, 살림, pp 25-32
리처드 도킨스/김명남 옮김 (2012). 현실, 그 가슴뛰는 마법, 김영사
리처드 도킨스/김명주 옮김 (2021). 신, 만들어진 위험, 김영사
송명규 (2000). 알도 레오폴드(Aldo Leopold)의 토지 윤리, 숲과 문화, Vol. 9, No. 4,
 숲과 문화연구회 pp 39-71
왕남 (2022). 先秦 儒家·道家의 생태윤리사상 비교 분석을 통한 현대적 시사점 연구,
 군산대학교 대학원 중국학과 박사학위논문
전중환 (2010). 오래된 연장통 - 인간 본성의 진짜 얼굴을 만나다, 사이언스 북스
Groenfeldt, D. (2013). Water Ethics: A values approach to solving the water crisis, Routledge

3-4 흐르는 물은 외롭지 않다

김주연 (2021). 철학사 수업 1 - 고대그리스철학, 사색의 숲
노먼 매클린 지음/ 이종인 옮김 (2014). 흐르는 강물처럼, 연암서가
로랑스 드빌레르 지음/ 이주영 옮김 (2023). 모든 삶은 흐른다, FIKA[피카]
버트란드 러셀/최혁순 옮김 (1971). 나는 무엇을 위해 살아왔는가, 문예출판사
심경호 (2013). 심경호 교수의 동양 고전강의 논어 2, 민음사
요하네스 힐쉬베르거 지음/ 강성위 옮김 (1983). 서양철학사: 상권·고대와 중세, 이문출판사
이봉희 (2002). 흐르는 강물처럼, 스크린영어사,

물 인문학
흐르는 물은 외롭지 않다

초판 | 2025년 4월 30일

지은이 | 이동률
기 획 | 박선주, 이준호
편 집 | 아람

펴낸곳 | 온(溫)출판
신고번호 | 제2018-000020호
이메일 | artmango@naver.com

ISBN 979-11-93531-03-7 (03110)

* 이 책의 저작권은 저자에게 있습니다.
* 저작권법에 의해 보호를 받는 저작물이므로 저자와 출판사의 허락 없이 무단 전재와 복제를 금합니다.
* 이 책의 일부 또는 전부를 재사용하려면 반드시 저작권자와 출판사 양측의 동의를 받아야 합니다.
* 책값은 뒤표지에 있습니다.